AF452482

LES
MARÉCHAUX
DE L'EMPIRE

DRAME EN CINQ ACTES ET QUINZE TABLEAUX

PAR

M. ANICET BOURGEOIS

Représenté pour la première fois, à Paris, sur le théâtre impérial du CIRQUE, le 12 avril 1856.

PARIS

MICHEL LÉVY FRÈRES, LIBRAIRES-ÉDITEURS

RUE VIVIENNE, 2 bis

—

1856

Distribution de la Pièce.

BONAPARTE, lieut. au 4e rég. d'artillerie.. MM. Taillade.
AUGEREAU, sous-offic. instructeur congédié. Dupuis.
MICHEL NEY, hussard................... Julian.
JOACHIM MURAT, chasseur............. Ed. Gallant.
LANNES, ouvrier...................... Peupin.
BERNADOTTE, sergent.. .... Adler.
BRUNE, journaliste................... Molina.
SOULT, caporal....................... Seligny.
OUDINOT, officier de volontaires......... Nérault.
MASSÉNA,   id.   .... Vernay.
JOURDAN,   id.   .... Mounet.
BESSIÈRES,   id.   .... Philippe.
VICTOR, artilleur.................... Achille.
KELLERMANN, général................ Noel.
BERTHIER, off. d'état-maj. de la garde nat.. Borssat.
DAVOUST, officier de cavalerie.......... Maxime.
LEFÈVRE, capitaine de la garde nationale.. Vernay.
DUROC, volontaire.................... Vernay.
GOUVION SAINT-CYR, volontaire. .... Cochet.
JUNOT. volontaire.................... Auguste.
MORTIER, volontaire.................. Thil.
LÉONARD............................ Saint-Ernest.
MAURICE. son fils.................... Lacressonnière.
GASTON DE LA ROZERIE............. Clarence.
JEAN COTTEREAU.................... Boileau.
CHARLEMAGNE..................... Lebel.
JEAN COQUIN....................... Poirier.
BONIFACE.......................... Williams.
TALMA............................. Arthur.
BARNABÉ........................... Benjamin.
MINORET........................... Cochet.
LE PÈRE LAVIGNE................... Nérault.
PILLE MICHE...................... Brichard.
OFFICIERS D'ORDONNANCE DE L'EMPEREUR.
MIETTE. dite LA BELLE PROVENÇALE.. Mmes Lacressonnière.
MADAME AUGEREAU................ W. Sannaz.
LA MÈRE COTTEREAU.............. Person.
CHARLOTTE........................ Duplessy.
SUZON .... Josephine.
MADAME DE VERSAC.............. Nathalie.
ARMANDE DE VERSAC........... Valérie.
GRIVETTE COTTEREAU............. Denise.
UNE DAME DE LA HALLE...........

Officiers et soldats de la maison du roi (1790). — Officiers et soldats républicains — Volontaires de Paris. — Officiers et soldats de l'armée impériale. — Bourgeois de Paris. — Notables et bourgeois d'Aix-la-Chapelle. — Officiers et soldats autrichiens, piémontais et prussiens.

L'action se passe de 1790 à 1806.

LES MARÉCHAUX DE L'EMPIRE

Acte premier. — Premier tableau.

LA FERME DU GRAND-CHÊNE.

La cour de la ferme du Grand-Chêne, au premier plan, à gauche du public les bâtiments d'habitation.—A droite l'entrée d'une seconde cour conduisant aux étables et aux écuries. — Au deuxième plan, à droite, le grand chêne, au pied duquel est un banc de pierre et une table. — Au fond, une haie et une porte charretière. — Au delà, la route et une pente conduisant à l'église du village.

La scène se passe en juillet 1790, dans une ferme du Maine.

SCÈNE PREMIÈRE.

JEAN COQUIN, puis SUZON.

JEAN, sur le seuil de la porte charretière.

Comment... personne ici non plus... (Il entre.) Depuis une grande heure que je marchons, je n'ons encore rencontré que deux ânes dans les champs et trois chats dans les rues. Ça n'est pas naturel... faut pourtant que quelqu'un me donne des nouvelles de mon oncle Marcaillou qui a mis la clé sous la porte... et je trouverons peut-être à qui parler à la ferme du Grand-Chêne. (Appelant.) Ohé! père Léonard! Maurice! Suzon!...

SUZON, dans la maison.

On y va...

JEAN.

Ah! v'là une voix enfin.

SUZON, entrant vivement.

Jésus-Seigneur! est-ce que monsieur le marquis serait arrivé? (S'arrêtant.) Tiens... ça n'est que Jean Coquin, l' fin Normand... Par quel hasard qu'te v'là dans not' pays, toi?

JEAN.

C'est par un hasard fait exprès. J' viens comme tous les ans et tout dret d' Granville ici... à la seule fin de t'embrasser d'abord, parce que t'es gentille, et puis parce que t'es la première personne à deux pattes qu' j'entrevoyons... A présent, fillette, je te vas cribler d'questions. Prémio; oùs qu'est mon oncle Marcaillou, l'ancien tambour de la commune; oùs qu'il est passé, lui... et sa caisse?

SUZON.

Ah! mon fin gas, tu venais flairer un brin ton héritage... Eh bien! t'auras du chemin à faire si tu veux le rattraper.

JEAN.

Hein ! mon oncle Marcaillou...

SUZON.

A quitté le pays... et depuis la Saint-Michel dernière, il est allé à Paris.

JEAN.

A Paris ? pourquoi faire, à Paris ?

SUZON.

Pour se marier, mon gas.

JEAN.

Se marier !..., on m'a marié mon oncle ! qui est-ce qui a fait ça ?

SUZON.

C'est une cousine de Paris qui a manigancé la chose.

JEAN.

Quelle cousine ?

SUZON.

Tu sais bien... la veuve Augereau, une grosse fruitière de l'endroit... Ça n'est donc pas ici, mon gas, mais sous les piliers des halles que tu retrouveras ton héritage, s'il en reste encore quelque chose.

JEAN.

Oh! on m'aurait frustré de mon oncle ! Qu'est-ce qu'il aura épousé le malheureux ! une femme, j'en suis sûr...

SUZON.

C'te bêtise !

JEAN.

Je veux dire... une femme jeune... une manufacture de petits cousins !... Oh ! mais j'y veillerai, et la cousine Augereau entendra parler de moi... Ah çà, mon oncle Marcaillou n'a pas emmené tout le village avec lui. Tu n'es pas à toi seule la population d'ici... où donc qu'est tout le monde ?

SUZON.

A l'église.

JEAN.

Ça n'est pas dimanche.

SUZON.

Non... mais c'est grande fête tout de même. Monsieur le marquis revient aujourd'hui.

JEAN.

D'où ça ?

SUZON.

De l'autre monde.

JEAN.

Il était mort ?

SUZON.

Eh non! il était allé... comment qu'ils appellent ça ?... en Amérique... un drôle de pays... oùs qu'il fait nuit quand il fait jour cheux nous... Monsieur le marquis, avant de partir, avait fait venir de Marseille et installé dans son château madame de Versac, sa tante, qui était veuve, et sa fille, mademoiselle Armande, qui n'était encore qu'un enfant, mais qui est aujourd'hui un beau brin de femme.

JEAN.

Il y avait aussi au château, l'an dernier, la grand'sœur de lait de mademoiselle Armande, une Provençale superbe, qu'on appelait Miette, même qu'elle m'avait donné dans l'œil.

SUZON.

A toi et à bien d'autres... à not' gas surtout.

JEAN.

A Maurice?

SUZON.

Et Madame, qui s'était aperçue de la chose, a envoyé Miette à Paris, en lui donnant une petite dot avec quoi elle a ouvert une boutique de mercerie... Bref, Madame et Mademoiselle se desséchaient depuis cinq ans à attendre monsieur le marquis, lorsqu'il y a trois jours on a reçu une lettre qui arrivait...

JEAN.

De l'aut' monde.

SUZON.

Eh non, de Nantes, oùs que monsieur le marquis venait de débarquer, et qui annonçait sa venue ici pour aujourd'hui... alors madame la comtesse a demandé qu'il fût dit une grand' messe d'actions de grâces, et tout le pays a voulu accompagner not' dame... De plus, comme la moisson a commencé hier, c'est à la ferme qu'on recevra monsieur le marquis afin qu'il assiste à la fête d' la Gerbe. Maître Léonard a mis tout en l'air cheux nous pour bien recevoir le maître, et Maurice, en lieu, va monter à cheval au sortir de l'église et courir jusqu'aux Quatre-Bras pour recommander aux gardes de faire prendre aux postillons la route de la ferme au lieu de celle du château, et pour qu'ils nous annoncent avec leurs fusils l'arrivée de Monseigneur.

JEAN.

Aux Quatre-Bras! C'est-y pas là que loge Godeau, dit La Fouine?

SUZON.

Oui... c' t'y là qui fait ses affaires en faisant celles des autres.

JEAN.

Oh... c'est un malin... Si tu veux, Suzon, je vas prendre le cheval de Maurice, et je ferai sa commission.

SUZON.

Toi?...

JEAN.

J' donnerons la consigne aux gardes... puis, après, j'irons consulter Godeau.

SUZON.

Au fait! Maurice ne sera pas de trop dans la maison... C'est dit... Justement la Rousse est toute sellée, je vas te l'amener, tu n'auras qu'à sauter dessus.

JEAN.

C'est ça, fillette, va chercher la Rousse... (Suzon entre dans la cour à droite.) Je verrons Godeau, et ce qu'il me dira de faire à l'endroit de mon oncle Marcaillou... je le ferons... Seigneur mon Dien ! faites au moins qu'il ait épousé une fille... hors d'âge...

SUZON, ramenant le cheval.

V'là la Rousse... mais je te préviens qu'elle n'est pas facile, alle est têtue comme trois mulets...

JEAN, enfourchant le cheval.

Oh ! les bêtes... j' connais ça... et j'aurai encore plus de malice qu' celle-là... Adieu, Suzon... (Il part.)

SCÈNE II.

SUZON, puis LA MÈRE COTTEREAU.

SUZON, sur le pas de la porte et suivant Jean Coquin des yeux.

Tiens-toi ferme, Jean Coquin... la Rousse en a fait sauter de plus lourds que toi... (Riant.) Il est pressé, le fin Normand, mais j' crois que la Rousse le mènera plus vite qu'il ne voudra. (Pendant ce temps, une vieille femme, pauvrement vêtue et portant un petit sac sous son bras, s'est approchée de Suzon.)

LA MÈRE COTTEREAU.

Suzon !

SUZON, se retournant vivement.

Ah ! Jésus ! que vous m'avez fait peur ! Tiens ! c'est la mère Cottereau... Comment que ça va, la mère ?

LA MÈRE COTTEREAU.

Mal.

SUZON.

Ah ! oui... je sais... vot' fieu... c' t'y-là qu'on appelle ici le Chouan, s'est fait prendre l'aut' jour en voulant passer une charge de sel en contrebande.

LA MÈRE COTTEREAU.

Oui... les gabeleurs l'ont arrêté... et me v'là seule à présent pour donner du pain à mes autres fieux et à mes deux petites... Je croyais avoir fait ma tâche ici-bas... et je suis bien vieille pour la recommencer... V'là votre provision... (Elle lui donne le sac de sel.)

SUZON.

C'est quatre sous, n'est-ce pas ?

LA MÈRE COTTEREAU.

Ces quatre sous-là coûteront de la prison à mon pauvre Jean... Savez-vous si madame la comtesse a écrit pour lui à monsieur Graffin, comme elle me l'avait promis ?

SUZON.

Au juge... oui... Maurice est allé porter la lettre à la ville...

mais il paraît que Jean Cottereau n'a pas fait seulement du tort à la gabelle... il a fait aussi du mal aux gabeleurs.

LA MÈRE COTTEREAU.

Peut-être !... il faut bien qu'il nous fasse vivre.

SUZON.

Pour faire vivre les siens, il n'est pas besoin de tuer les autres.... Allons... n' pleurez pas, la mère, et reposez-vous un peu à l'ombre. C'était lourd ce que vous portiez là... (Elle range le sac.)

LA MÈRE COTTEREAU.

Me reposer... oh non... je vas jusqu'à la ville... je veux parler à monsieur Graffin... je lui demanderai un permis pour voir mon fieu... je lui donnerai c' t'argent-là... nous n'en avons que faire cheux nous... on ne dépense plus... on ne mange plus dans notre chaumière... on prie et on pleure. (Elle sort.)

SCÈNE III.

SUZON, puis UN HUSSARD.

SUZON.

Pauvre mère !... J' crois que j' n'aurons plus le cœur à m'amuser. (Un jeune homme, en uniforme de hussard, arrive du côté par lequel la mère Cottereau est sortie.)

LE HUSSARD.

Décidément la vieille n'est pas causeuse... mais voilà une jolie fille qui voudra bien me répondre.

SUZON.

Tout d' même, monsieur le soldat.

LE HUSSARD.

J'en étais sûr... indiquez-moi donc, je vous prie, la route du Mans?

SUZON.

Très-volontiers.

LE HUSSARD.

Voyons, faut-il suivre tout droit ou prendre le sentier à gauche?

SUZON.

D'abord... êtes-vous pressé d'arriver?

LE HUSSARD.

Oui...

SUZON.

Eh ben !... alors... asseyez-vous... là... sur ce banc.

LE HUSSARD.

Hein !... m'asseoir pour arriver plus vite?

SUZON.

Sans doute! un tant soit peu de repos à l'ombre, un morceau de pain blanc, un verre de cidre, tout ça vous redonnera des forces, et vous finirez votre étape sans vous en douter.

LE HUSSARD.

Ma foi... j'aurais tort de refuser... ce qu'on m'offre de si bon cœur... J'accepte... (Il met sur le banc le sabre et la petite valise qu'il portait sur l'épaule.)

SUZON.

La table est déjà prête... le cidre est tiré...

LE HUSSARD.

Et il sera bu à votre santé, la belle.

JEAN, au dehors.

Au secours !... à l'aide !...

SUZON.

Hein !... c'est la voix de Jean Coquin... oui... c'est lui qui accourt par ici...

SCÈNE IV.

LES MÊMES, JEAN, entrant.

Arrêtez... arrêtez-le.

SUZON.

Eh ! comme il est pâle !

JEAN.

Arrêtez .. arrêtez-le.

LE HUSSARD.

Arrêter, qui ?

JEAN.

Mon voleur.

SUZON.

Un voleur... ah ! mais, dites donc... vous... qu'est-ce que vous avez fait de notre cheval ?

JEAN.

Mon cheval ? Je l'ai perdu en route.

SUZON.

Hein ?

JEAN.

On me l'a volé.

SUZON.

Vous vous êtes laissé voler la Rousse ?

JEAN.

Oh ! voilà une bête désagréable ; en partant, nous avions tous les deux la même idée apparemment, et ça n'allait pas mal. Nous arrivons comme ça aux Quatre-Bras ; je donnons le mot aux gardes, puis je voulons appuyer à gauche pour gagner la clauserie de Godeau. Ah ben oui ! la Rousse s'était mis dans la tête de revenir ici ; je veux la retenir ; elle fait un bond : v'lan ! Je me trouvons sur ses oreilles. Je la piquons pour la corriger : v'lan ! je me retrouvons sur sa queue. Je m'y cramponne ; alors elle se met à courir comme une folle, sautant les haies, les buissons ; enfin je la vois se diriger vers un grand fossé. Bon !

que je me dis, ou elle s'arrêtera, ou elle tombera. Ouitche! elle ne s'est pas arrêtée.... et c'est moi qui suis tombé.... A ce moment-là, un homme, sorti de je ne sais où saute à la crinière de la bête, et l'enfourche pendant qu'elle galopait ; puis tous les deux me passent par-dessus la tête. Voilà comment j'ai perdu mon cheval.

LE HUSSARD.

Peste ! il est bon cavalier, ce gaillard-là.

JEAN.

C'est son état ; c'est un chasseur, un soldat à cheval comme vous.

LE HUSSARD.

Hein? ce n'est pas possible!

JEAN.

Son habit n'est pas de la même couleur. Mais c'est un soldat, j'en suis sûr.

LE HUSSARD.

Alors votre bête n'est pas perdue ; il n'y a que d'honnêtes gens sous cet uniforme-là. Eh ! tenez... j'entends le galop d'un cheval ; je gage que c'est le vôtre.

SUZON.

Eh! oui, c'est la Rousse.

SCÈNE V.

LES MÊMES, UN CHASSEUR à cheval, en petite tenue de route, mais sans sabre.

LE HUSSARD.

Je vous disais bien qu'il n'y avait pas de voleurs dans l'armée française.

LE CHASSEUR, sautant à terre et tendant la main au hussard.

Bien dit, et surtout bien pensé, camarade. (A Jean.) Tenez, mon garçon, vous aviez dans les jambes une bête endiablée, je vous ramène un vrai mouton. Je comptais vous retrouver dans le fossé où je vous avais laissé, et, ne vous y voyant plus, j'étais assez embarrassé de cette bonne petite bête-là, quand le piéton, qui passait, m'apprit qu'elle appartenait au fermier Léonard ; de loin il m'a montré cet enclos, et m'a chargé même d'une lettre adressée de Paris à monsieur Maurice Léonard.

SUZON.

Maurice ! c'est not' gas. Mais quoi qu'y fera d'une lettre... y n' savent pas lire... ni personne ici... C'est égal, vous la lui bâillerez tout d' même au sortir d' l'église... Je vas aller l'avertir pour qu'il redescende plus vite à la ferme. Jean Coquin va conduire la Rousse à l'écurie ; et vous, mes biaux soldats, vous nous garderez la maison... Au lieu d'un pôt de cidre, en v'là deux... Quant à de l'ombrage, not' grand chêne en a pour tout un régiment... Buvez, causez, faites comme cheux vous ; et toi,

Jean Coquin, soigne la Rousse ; tu lui dois bien ça, à c'te bête. A tout de suite, messieurs les soldats. (Elle sort en courant par le fond. Jean entre dans la cour à droite avec le cheval.)

JEAN, à part, et s'en allant.

Je débriderai la Rousse, puis après j'irons chez Godeau, mais j'irons à pied.

SCÈNE VI.

LE HUSSARD, LE CHASSEUR.

LE CHASSEUR, s'installant.

Pardieu ! la garnison est assez douce... l'ombrage est frais, le banc commode, et si le cidre n'est pas trop vert.

LE HUSSARD.

Il est excellent.

LE CHASSEUR.

A table donc ! A votre santé ! camarade.

LE HUSSARD.

A la vôtre !

LE CHASSEUR.

Il y a-t-il longtemps que vous êtes au service ?

LE HUSSARD.

J'avais dix-sept ans lorsque je me suis engagé, et je suis encore en 1790 ce que j'étais en 1788, c'est-à-dire simple hussard : en temps de paix l'avancement n'est pas rapide.

LE CHASSEUR.

A qui le dites-vous ?... Est-ce par goût que vous vous êtes fait soldat ?

LE HUSSARD.

Oui ! certes. Mon père, simple et honnête artisan, m'avait fait donner une assez bonne éducation. J'étais clerc de notaire à Sarrelouis, mon pays natal ; mon brave père se flattait déjà d'avoir un tabellion dans sa famille... Mais la plume n'était pas mon fait ; je la jetai au vent et je la remplaçai par le sabre. A présent vienne la guerre, et, s'il plaît à Dieu, le hussard fera sa route.

LE CHASSEUR.

Vous allez rejoindre votre escadron ?

LE HUSSARD.

Je reviens de semestre, et je me dirige sur le Mans, où nous tenons garnison. Et vous, camarade, ne rejoignez-vous pas aussi ?

LE CHASSEUR.

Oh ! mon histoire est un peu plus accidentée que la vôtre. Mes parents, aubergistes à Cahors, n'avaient pas de fortune à me laisser, et me firent élever au séminaire de Toulouse. J'étudiais là tout doucement mon droit canon, quand un jour, étant en promenade au Capitole, je vis passer le régiment des chasseurs des Ardennes. Oh ! qu'il était beau ce régiment, avec ses uniformes qui brillaient au soleil, sa musique éclatante, et ses chevaux qui piaffaient et bondissaient sous leurs cavaliers. De ce moment-là, je ne rêvai plus que sabres, plumets, chevaux ; chevaux surtout... Ah ! s'élancer dans l'espace, fondre sur l'ennemi comme un orage, le renverser comme le ferait une avalanche. quelle joie ! quel bonheur ! quel triomphe !! Bref, une belle nuit, je quittai le séminaire et je m'engageai dans le 12e chasseurs. Là, mon goût pour l'équitation devint une passion, et ma foi cette passion-là m'a fait renvoyer de mon régiment.

LE HUSSARD.

Vraiment !

LE CHASSEUR.

Le colonel nous avait consignés dans nos cantonnements ; mais à deux lieues de là on avait annoncé des courses. J'avais un cheval qui fendait l'air ; avec lui j'étais sûr de distancer tous mes rivaux. Je ne pus résister à la tentation ; je quittai le cantonnement sans permission. Arrivé au champ de course, j'enlève tous les prix, il ne me restait plus qu'un seul concurrent à vaincre. Quand il entre en lice, je reconnais mon colonel qui faisait fièrement caracoler un magnifique andaloux. Je me dis : Si je bats mon supérieur à la course, je suis sûr d'être cassé ; si au contraire je lui laisse l'honneur, il me pardonnera peut-être mon escapade, je pars donc, bien décidé à n'arriver que second ; mais bah ! animé par la course, électrisé par les cris de la foule, j'anime mon cheval au lieu de le retenir ; je ne cours pas, je vole, et... et je bats mon colonel... en plein. Je fus fêté, embrassé, couronné, mais le soir j'étais cassé. Aujourd'hui, pauvre chasseur démonté, je me dirige sur Paris où, grâce à la recommandation de M. Brune, un journaliste auquel je suis adressé, j'espère entrer dans la garde constitutionnelle du roi, garde à cheval, bien entendu ; à pied, je ne vaux pas mieux qu'un autre ; mais à cheval, oh ! j'irais à la conquête du monde.

LE HUSSARD.

Allons, camarade, le canon aidant, peut-être entendrons-nous un jour parler l'un de l'autre.

LE CHASSEUR.

Touchez là !... et souvenez-vous, si vous le voulez bien, de l'ex-brigadier du 12e chasseurs, Joachim Murat.

LE HUSSARD.

Et vous, camarade, gardez bonne mémoire du pauvre hussard Michel Ney.

MURAT.

A notre fortune.

NEY.

Mieux que cela... A notre amitié !

ENSEMBLE.

A notre amitié ! (Ils trinquent.

SCÈNE VII.

LES MÊMES, MAURICE, SUZON.

Maurice est en costume de paysan manceau, les cheveux longs et pendants; sa démarche est lourde et gauche.)

MAURICE.

Tu dis, Suzon, comme ça, qu'il y a une lettre?

SUZON.

Oui, not' gas, et qui arrive de Paris.

MURAT.

Vous vous nommez Maurice Léonard?

MAURICE.

Oui, monsieur le soldat; Maurice Léonard, c'est moi.

MURAT.

Voilà ce que le piéton vous apportait.

MAURICE, vivement.

Une lettre! (Il la regarde et la tourne dans tous les sens.) Oh! ça doit être d'elle...

SUZON, voyant son embarras.

Tu n'avais que faire d' tant de presser; il n'y a que mam'zelle Armande qui puisse te déchiffrer ça; car t'es plus fort à la charrue qu'à la lecture, not' pauv' gas. (Elle rentre.)

MAURICE, regardant comme s'il cherchait à lire.

Mon nom est là-dessus... (A Murat.) On n' m'a pas leurré... c'te lettre est ben pour moi, n'est-ce pas?... J' vous demandons ça, et vous n'êtes peut-être pas plus savant qu' moi.

MURAT.

Je ne me donne pas pour un docteur; mais je lis couramment.

MAURICE.

Dans l'écriture?

MURAT, riant.

Dans l'écriture.

MAURICE.

Que vous êtes heureux!... Quand elle est partie elle m'a dit: Mon pauv' Maurice, je ne t'oublierai pas... De loin on peut encore causer avec ses amis, pour ça, il faut seulement savoir lire... Je te donne six mois pour apprendre; dans six mois je t'écrirai... Elle a tenu sa promesse.

MURAT.

Et vous avez oublié...

NEY.

D'apprendre.

MAURICE.

Oh! que non pas! Dans c'te ferme isolée, nous n'avons qu'un vieux paroissien auquel personne ne touchait jamais. Tous les matins avant le jour, tous les soirs en rentrant des champs, je m'enfermais avec le paroissien et j'étudiais. Oh! s'il n'avait fallu

que mettre du cœur à s'instruire... Mais j'ons la tête dure
comme un caillou... enfin, j'étais venu à bout de me fourrer
dans la mémoire les lettres du paroissien, j'assemblais les mots,
je me disais : v'là le sixième mois qui arrive, et je saurai... je
saurai... Mais sur ce papier-là, je n' reconnais plus les grosses
lettres du livre... Je croyais savoir... et je ne sais pas, mon
Dieu ! je ne sais pas.

NEY, à Murat.

Ce pauvre garçon doit être un amoureux ; il faut lui venir en
aide. (Allant à Maurice.) L'ami, nous avons reçu chez vous une
hospitalité que nous serons heureux de reconnaître. Voulez-vous
savoir ce que vous écrit mademoiselle...

MAURICE.

Miette !

MURAT.

Miette !...

MAURICE.

Dans le patois de son pays, c'est comme ça qu'ils disent Marie.
Ainsi, vous pourriez lire ce qu'elle m'écrit ?...

NEY.

Je l'espère !

MAURICE.

Oh ! lisez, monsieur le soldat, lisez tout de suite.

NEY.

Hum ! voilà de terribles pattes de mouches.

MURAT.

Ça ne doit pas vous effrayer, vous, un clerc de notaire.

NEY, lisant.

« Mon cher Maurice, pourras-tu me lire ? J'en doute. C'est égal,
je n'ai qu'une parole, et je t'écris ces lignes pour te faire savoir
que mon petit commerce a très-bien réussi ; toute la rue Saint-
Honoré connaît à présent la belle Provençale ; je n'y mets pas
d'amour-propre, mais c'est comme ça qu'on m'appelle. Remercie donc bien pour moi madame la comtesse et mademoiselle Armande, qui m'avaient fait une petite dot. Si jamais tu
viens à Paris, souviens-toi de celle qui se dit ton amie et ta servante, Miette... N'attends pas pour me donner de tes nouvelles
que tu saches écrire aussi bien que moi. Je te permets de me
répondre en gros. »

MURAT.

Ce n'est pas une lettre d'amour.

MAURICE.

Miette n'a pour moi que de l'amitié. Je n'ons jamais osé lui
dire, ni à elle, ni à personne, que je l'aimions d'attachement...
oh ! non-da !

NEY.

Pourquoi ?

MAURICE.

J' sommes qu'un paysan, moi... elle s' serait gaussée de moi,

car elle... c'est une demoiselle... une sœur de lait à mademoiselle Armande de Versac; elle a été élevée avec elle à Marseille,
son pays; et si elle a quitté mam'zelle Armande pour aller à
Paris, c'est qu'elle est brave et fière, voyez-vous, et qu'elle voulait gagner son pain elle-même en travaillant.

MURAT.

Ainsi, mon pauvre garçon, vous aimez tout seul?

MAURICE.

Tout seul, à mon à part, pour ma satisfaction; et je l'aimerons toujours comme ça, et je n'en aimerons jamais d'autre.

MURAT.

C'est dommage. Voyez donc, Michel; il n'est pas mal taillé, ce
garçon-là.... et s'il était un peu peigné, brossé, astiqué...

NEY.

Oui... L'uniforme lui irait bien.

MURAT.

Tiens!... c'est une idée... Les femmes ne résistent pas à l'habit militaire... Faites-vous soldat, l'ami!

MAURICE.

Soldat! oh! ben qu' non! J' n'aimons point les coups... puis
dans not' famille on vit et on meurt paysan.

NEY.

Le soleil baisse; je dois être rentré au Mans avant la fin du
jour. (Il reprend son bagage.)

MURAT.

En route! alors... Adieu! pauvre amant discret. Si à Paris je
rencontre jamais mademoiselle Miette, je vous promets de lui
faire votre déclaration. (Il part avec Ney bras dessus, bras dessous.)

MAURICE, serrant la lettre.

Avec c'te lettre-là, j'apprendrai à lire et à écrire. (Bruit de
cloches.)

SUZON, sortant de la maison.

V'là qu'on sort de l'église. (Coups de fusil dans le lointain.) Et v'là
les gardes qui nous avertissent... Monseigneur ne doit pas être
bien loin. (On voit alors venir de la gauche et descendre du coteau la comtesse de Versac, Armande sa fille, Léonard, vieillard encore vert, et portant
bien son costume de fête; derrière eux, paysans et paysannes.)

SCÈNE VIII.

MAURICE, SUZON, LA COMTESSE, ARMANDE, LÉONARD,
PAYSANS, puis GASTON DE LA ROZERIE, BERTHIER,
JOURDAN.

LA COMTESSE, s'arrêtant au seuil de la porte.

Léonard!... qu'ai-je donc entendu?

LÉONARD.

Le signal convenu avec les gardes... ils ont aperçu la chaise
de poste... Oh! monseigneur peut arriver, il trouvera tout le
monde en fête pour le recevoir.

SUZON.

Le v'là qui descend de vôiture avec deux beaux messieurs.

LÉONARD, avec force.

Faites chanter les cloches, mes gas; faites parler vos fusils, mes enfants; voilà Monseigneur. (Cloches, fusillade, cris.)

GASTON, gaiement.

Palsembleu! quel vacarme!

TOUS.

Vive Monseigneur!

GASTON.

Merci, merci, mes amis... en vérité je suis étourdi de votre accueil... Je n'avais pas encore aperçu ma tante... (Il lui baise la main.) Je ne vois pas ma petite cousine Armande.

LA COMTESSE.

Elle est pourtant près de moi, Gaston.

GASTON.

Comment... cette ravissante personne, c'est l'enfant joyeux et mutin que je faisais sauter dans mes bras... changée à ce point en cinq années!... Mon compliment, cousine, il n'est pas possible de mieux employer son temps... Vous êtes adorable, ma parole d'honneur... Madame la comtesse, permettez-moi de solliciter votre plus bienveillant sourire pour deux braves officiers, deux compatriotes que j'ai retrouvés avec joie dans cet autre monde où j'étais allé me battre, uniquement parce qu'on ne se battait pas dans celui-ci. J'ai l'honneur de vous présenter M. Alexandre Berthier, autrefois lieutenant au corps royal d'état-major, et qui, sous les ordres du général Rochambeau, est allé bravement là-bas gagner ses épaulettes de colonel; M. Jourdan, qui ne rentre en France que pour reprendre du service.

LA COMTESSE.

Vous serez les bienvenus, Messieurs, au château de la Rozerie, où on a bien voulu me donner aussi l'hospitalité.

GASTON.

Que dites-vous, belle tante... le château de la Rozerie est devenu le vôtre, et je ne vous y demande qu'une petite place entre vous et votre charmante fille... Ah! çà... il manque quelqu'un ici... Miette... la folle du logis, comme je l'appelais... Comment ne l'ai-je pas entendu déjà rire et chanter?

ARMANDE.

Miette n'est plus avec nous, mon cousin.

MAURICE.

Elle est à Paris, Monseigneur.

GASTON.

Eh! eh! voilà Maurice... le plus infatigable de mes rabatteurs... Bonjour, mon garçon... et mon vieux Léonard (Il se découvre.) de qui mon père disait : c'est un brave... et il s'y connaissait. Si je suis revenu, Messieurs, c'est que je sens un orage gronder à l'horizon; c'est qu'à l'heure du danger la noblesse doit se presser au pied du trône... A cette heure-là... il ne devra pas rester au fourreau une seule épée de gentilhomme.

LÉONARD.

Il ne restera pas non plus à la cheminée un fusil de paysan. Mais Dieu garde not' roi, Monseigneur... il lui donnera paix et prospérité, comme il nous a donné à nous belle et bonne moisson.

GASTON.

La récolte a donc été abondante?... alors la fête de la Gerbe a dû être joyeuse ?

LÉONARD.

La fête d' la Gerbe... c'est aujourd'hui... en vot' honneur qu'elle aura lieu, et c'est pour ça qu'on a pris la liberté de vous faire passer par la ferme... J'ai pensé que vous feriez au vieux Léonard l'honneur que lui ont fait autrefois votre grand-père... et votre père...

GASTON.

Certes... Messieurs, offrez le bras à ces dames... prenons place sous le vieux chêne... c'est le grand salon de mon ami Léonard... (Tout le monde se place sur le banc.)

LÉONARD.

Maurice... nos gens sont prêts... fais-leur signe de venir...

FÊTE DE LA GERBE.

(Une troupe de paysans, précédée de quelques musettes enrubannées, puis des jeunes filles portant une bannière, des enfants portant des fleurs; derrière eux, six jeunes garçons portant sur leurs épaules une gerbe couronnée de fleurs; derrière la gerbe une troupe de batteurs armés de fléaux. La gerbe est présentée au marquis qui prend le bouquet qui la surmonte et la présente à sa cousine. La gerbe mise à terre, les batteurs se mettent à la battre en mesure et sur le refrain de la ronde.)

RONDE

Air *à faire*.

UN PAYSAN.

Voilà la Saint-Jean passée,
Le mois d'août est approchant,
Où tous garçons des villages
S'en vont la gerbe battant.
Ho : Batteux! battons la gerbe,
Compagnons, joyeusement.

CHŒUR.

Ho : Batteux! battons la gerbe,
Compagnons, joyeusement.

(Sur le refrain, les batteurs battent et les jeunes filles les entourent et forment un grand rond, en dansant.)

DEUXIÈME COUPLET.

Ma mie reçoit de mes lettres
Par l'alouette des champs,
Et moi je réçois des siennes
Par le rossignol chantant.
Ho . Batteux! battons la gerbe,
   Compagnons, joyeusement.

CHŒUR.

Ho : Batteux ! battons la gerbe,
   Compagnons, joyeusement.

TROISIÈME COUPLET.

Viendra le jour de la noce,
Travaillons en attendant;
Dessus la Toussaint prochaine
J'aurai tout contentement.
Ho : Batteux! battons la gerbe,
   Compagnons , joyeusement.

(Le dernier couplet est chanté en chœur, la gerbe battue. — Le grain est re-
cueilli dans un van, puis présenté dans une corbeille au marquis par une
jeune fille que le marquis embrasse. — Aussitôt après, la danse devient générale.)

SCÈNE IX.

LES MÊMES, LA MÈRE COTTEREAU.

(Elle est pâle et tout en désordre.)

LA MÈRE COTTEREAU.

Vous dansez ici... vous autres... et on juge là-bas.

TOUS, s'arrêtant.

C'est la mère Cottereau !

LA MÈRE COTTEREAU.

Jean... mon fils... ils l'ont condamné !

TOUS.

Condamné !

LA MÈRE COTTEREAU.

A mort !

TOUS.

A mort !

(Tout le monde entoure la mère Cottereau, qui est tombée en prononçant ce
dernier mot.)

Acte premier. — Deuxième tableau.

LA BELLE PROVENÇALE.

Une boutique de mercerie. — Une porte, un comptoir au fond. — A gauche, porte conduisant à l'intérieur. — A droite, porte conduisant à l'extérieur. — Cartons sur le comptoir, chaises et tabourets.

—

SCÈNE PREMIÈRE.

CHARLOTTE, BONIFACE.

(Au changement, Charlotte range la boutique, ouvre des cartons. Boniface, tambour, paraît sur le seuil de la porte de la rue.)

BONIFACE.

Serviteur la boutique et la compagnie.

CHARLOTTE.

Tiens! c'est M. Boniface, le tambour de la section Saint-Antoine.

BONIFACE.

Commis pour l'instant à la distribution des billets de garde, et je vous en apporte un.

CHARLOTTE.

Pour moi?

BONIFACE.

Non, pour le locataire du premier, absent de chez lui pour le quart d'heure.

CHARLOTTE, rangeant.

Ah! pour le lieutenant Lefebvre.

BONIFACE.

Oui, pour M. Lefebvre... qui n'est pas un officier pour rire celui-là... Ex-sergent de gardes-françaises, c'est un troupier fini et qui vous fait marcher son peloton de gardes nationaux sans qu'il y ait un nez qui passe l'autre. Il est commandé pour demain, 14 juillet.

CHARLOTTE.

Est-ce qu'il y a quelque chose?

BONIFACE.

Je crois bien! il y a la grande fête de la fédération au Champ-de-Mars pour l'anniversaire de la prise de la Bastille. Le roi et le général Lafayette y seront avec un échantillon de toute la France; rien que ça. Tous les départements envoient des députations; la belle Provençale va faire une vente soignée aujourd'hui... elle n'aura pas assez de rubans, car tout le monde va se tricolorer... et, après la cérémonie du serment sur l'autel de la Patrie, la fête finira par une danse générale; ce sera beau de voir tout Paris rigaudonner dans le Champ-de-Mars... même que je vous invite, mademoiselle Lolotte...

CHARLOTTE, soupirant.

Monsieur Boniface, je ne suis plus une demoiselle.

BONIFACE.

Vous dites ça à cause que vous êtes veuve de feu M. Marcaillou... mais vous avez été si peu mariée, trois jours! Une occasion comme ça, je la prendrais pour du neuf, moi.

CHARLOTTE, le repoussant.

Finissez, monsieur Boniface.

BONIFACE.

D'ailleurs, vous êtes au moins une demoiselle de boutique.

CHARLOTTE.

C'est ma cousine Augereau qui m'a placée ici pour me distraire un peu.

BONIFACE.

Sans compter qu'à cette heure que vous avez hérité du magot conjugal, vous feriez un bon parti pour son fils, Pierre Augereau.

CHARLOTTE.

Son fils! on ne sait seulement pas où il est.

BONIFACE.

C'est vrai qu'il a drôlement roulé sa bosse celui-là. D'abord soldat au régiment irlandais; après ça cavalier dans les dragons de Damas, de là passé en Prusse, puis en Autriche, et enfin au service du roi de Naples.

CHARLOTTE.

Est-ce que vous l'avez connu, M. Augereau?

BONIFACE.

Nous sommes deux enfants de Paris, et nous avons joué ensemble sur le carreau des halles... c'est même là que nous avons fait notre éducation... Ah! ça, mais... est-ce que l'alouette du quartier ne serait pas encore éveillée?

CHARLOTTE.

Qui ça, Miette?

BONIFACE.

Oui, la belle Provençale!

CHARLOTTE.

Elle travaillait déjà ce matin que je dormais encore... elle est dans sa chambre; elle confectionne un drapeau, une bannière, que madame Augereau lui a commandée pour les dames de la Halle... sans doute à l'occasion de la fête de demain... Et, tenez, l'entendez-vous? (On entend fredonner à l'intérieur.)

BONIFACE.

Oui... oui, en v'là une qui n'engendrera pas la mélancolie... quand elle ne rit pas, elle chante.

SCÈNE II.

LES MÊMES, MIETTE.

(Elle entre en tenant une bannière tricolore d'une main et un bonnet monté de l'autre.)

MIETTE, à la cantonade.

Lolotte... Lolotte... tu ne m'entends donc pas? (Elle paraît.)

LOLOTTE, allant à elle.

Voilà, voilà !...

MIETTE.

Tu ne vois donc pas que je suis empêchée, que j'ai les deux mains prises... Tè! le petit Boniface, le tapin du quartier... Comment tu vas, pichoun ?... tu vas bien... j'en suis fort aise... mais ma boutique n'est point un corps de garde, et tu vas troubler ma veuve...

BONIFACE.

J'étais venu déposer ici un billet de garde pour M. Lefebvre, votre voisin.

MIETTE.

Mon voisin supérieur... et maintenant...

BONIFACE.

Et maintenant je m'en vas, mam'zelle Miette. (Boniface sort en riant.)

SCÈNE III.

MIETTE, LOLOTTE.

MIETTE, montrant la bannière et le bonnet.

Tè! je n'ai pas perdu mon temps, Lolotte; une bannière et un bonnet; la bannière est pour les dames de la Halle en masse, et le bonnet pour madame Augereau en particulier... Et maintenant Il faut se mettre à faire des cocardes, tout le monde en portera demain....

LOLOTTE, s'asseyant et soupirant.

Travaillons !

MIETTE.

Tu soupires... Oh! tu regrettes ton Marcaillou?

LOLOTTE.

Non.

MIETTE.

Tu désires quelque chose, alors?

LOLOTTE.

Oui.

MIETTE.

Quoi?

LOLOTTE.

Je ne sais pas.... mais, voyez-vous, avoir été mariée trois ours... c'est trop ou trop peu... j'aurais mieux aimé rester fille comme vous.

MIETTE.

Je ne m'en porte pas plus mal... Passe-moi le fil.

LOLOTTE.

Est-ce que vous n'avez jamais eu d'idées?

MIETTE.

D'idées?

LOLOTTE.

De mariage.

MIETTE.

Si... un moment... mais que ça m'a passé.

LOLOTTE.

Tout à fait?

MIETTE.

Tout à fait.

LOLOTTE.

Était-il joli garçon?

MIETTE.

Non... pas joli.

LOLOTTE.

Spirituel?

MIETTE.

Non, pas spirituel.

LOLOTTE.

Riche?

MIETTE.

Non, pas riche.

LOLOTTE.

Qu'est-ce qu'il avait pour plaire, alors?

MIETTE.

Il m'aimait, voilà tout.

LOLOTTE.

Et vous?

MIETTE.

Moi?... je ne l'aimais pas assez... et que j'ai eu peur de le tromper... lui... ce pauvre Maurice!... alors je suis partie... pour qu'il eût facilité de m'oublier... par moment, je me demande si j'étais bien sûre de ne pas l'aimer.... Tè! passe-moi la soie... (Un jeune homme en costume bourgeois, mais rappelant un peu l'habit militaire, entre dans la boutique.)

SCÈNE IV.

LOLOTTE, MIETTE, UN MONSIEUR.

LE MONSIEUR.

Hé! à la boutique, s'il vous plaît!

LOLOTTE, se levant.

Que faut-il à Monsieur?

LE MONSIEUR, la regardant.

S'il me fallait une jolie femme, je serais servi.

LOLOTTE.

Monsieur veut-il des gants?

LE MONSIEUR.

Non... je ne sais pas au juste ce que je veux.

MIETTE.

Hein?

LE MONSIEUR.

Auriez-vous par hasard quelque babiole qui venant Naples ou des environs?

LOLOTTE.

De Naples ?

LE MONSIEUR.

C'est que j'en arrive moi, et qu'au moment d'aller embrasser ma vieille mère, que je n'ai pas vue depuis treize ans, je me suis aperçu que je ne lui rapportais rien, pas le plus petit souvenir... Alors, je me suis dit : A beau mentir qui vient de loin... je vais acheter une bagatelle dans la première boutique venue, et je dirai à la mère que j'ai cueilli la chose au pied du Vésuve. (Regardant autour de lui.) Parbleu! voilà mon affaire.

MIETTE.

Quoi?

LE MONSIEUR.

Ce bonnet... Je lui ferai croire que toutes les Napolitaines en portent comme celui-là... Combien le bonnet?...

MIETTE.

Minute! je ne peux pas le vendre.

LE MONSIEUR.

Ah! pourquoi?

MIETTE.

Parce qu'il est promis à une pratique... même qu'elle va venir le chercher, et que, pour une reine, je ne manquerais pas de parole à madame Augereau.

LE MONSIEUR.

Hein? vous avez dit... Augereau?

MIETTE.

Oui.

LE MONSIEUR.

La marchande de fruits du marché des Innocents?

MIETTE.

Oui... Vous la connaissez?

LE MONSIEUR.

Si je la connais... Elle va bien, n'est-ce pas, la digne femme?

MIETTE.

Vous pleurez en me disant ça..... vous pleurez..... vous, un homme! Ah! vous êtes le garnement, je parie?

LE MONSIEUR.

Hein ?

MIETTE.

C'est le petit nom d'amitié qu'elle donne à son fils, Pierre Augereau, et Pierre Augereau ça doit être vous?

LE MONSIEUR.

Eh! oui, c'est moi... mauvais sujet fini... coureur, tapageur, querelleur, mais cœur chaud comme la tête, enfant de Paris; c'est-à-dire ce qu'il y a de pire et de meilleur au monde...

LOLOTTE,

Voilà madame Augereau.

AUGEREAU.

Ne lui dites pas tout de suite que je suis revenu... préparez-la tout doucement à la chose... (On le fait entrer dans la chambre à droite, dont la porte reste ouverte.)

SCÈNE V.

LES MÊMES, MADAME AUGEREAU.

MADAME AUGEREAU.

Bonjour, les enfants! a-t-on bien travaillé? Oh! c'est que je suis exacte comme le cadran de Saint-Eustache... on m'a promis la chose pour dix heures... dix heures tintent, et me voilà.

LOLOTTE, cachant Augereau.

Le drapeau est cousu.

MIETTE, même jeu.

Et le bonnet monté.

MADAME AUGEREAU.

Très-bien, la Marseillaise... t'as des doigts qui courent comme ta langue... C'est que vois-tu, ma biche, il s'agit d'être pimpante demain.. On a réservé aux dames de la Halle toute une estrade, au coin de la rue du Bac, pour voir défiler le cortége qui, partant des Tuileries, traversera le Pont-Royal afin de gagner le Champ-de-Mars... même que la voiture du roi s'arrêtera et que nous devons présenter un bouquet à la reine... Alors, tu comprends, mon poulet, qu'il faut être sur son trente-six et faire honneur au marché des Innocents.

MIETTE.

Vous voilà contente... et il ne vous manque rien pour être heureuse... là... tout à fait.

MADAME AUGEREAU.

Hum! pour être heureuse... il me manquera demain ce qui me manque depuis si longtemps... quelqu'un qui oublie en courant le monde que je me fais vieille; quelqu'un qui ne se souviendra de moi que lorsqu'il ne restera plus de la mère Augereau qu'une pauvre petite croix de bois dans un coin du cimetière... Oh! je le connais, le garnement, il ira prier devant cette petite croix-là... M'est avis qu'il ferait mieux de revenir, à présent que je peux le voir, à présent que je peux l'embrasser.

AUGEREAU, s'élançant.

Le garnement a compris ça, petite mère... et il est revenu. (Il l'embrasse.)

MADAME AUGEREAU.

C'est-y Dieu possible! Quoi! ce grand Monsieur?...

AUGEREAU.

Ce grand Monsieur... c'est le petit Pierre... qui vous aime comme autrefois... plus qu'autrefois.

MIETTE.

C'est à présent que vous êtes heureuse, hein?

MADAME AUGEREAU.

Mais laisse-moi donc le regarder... c'est un homme... Il y en a peut-être qui ne le trouveraient pas beau; moi, je le trouve superbe...

AUGEREAU.

J'ai un peu bruni? C'est que j'arrive d'un pays où le soleil chauffait dur.

MADAME AUGEREAU.

Ah çà! tu reviens pour me rester, n'est-ce pas?

AUGEREAU.

A perpétuité!... J'ai couru le monde comme vous disiez, j'ai voulu voir du pays, et je reviens convaincu qu'il n'y a sous le ciel rien de meilleur qu'une mère, rien de si beau que la France, à présent surtout que cette chère patrie a changé de régime en changeant de drapeau; à présent que, pour arriver, on n'a pas besoin d'un nom tout fait, et qu'il est permis de s'en faire un. Là-bas, à l'étranger, on parlait déjà de se mêler de nos affaires, de venir mettre le holà chez nous... Alors, je me suis dit : Ma place est à Paris... à Paris qui est le cœur de la France... si la patrie a besoin de ses enfants, il ne faut pas qu'un seul manque à l'appel, et quand elle criera : A moi, mes fils! aux armes!... Augereau sera là pour répondre : Présent!

MADAME AUGEREAU.

Tu vas venir avec moi... tout de suite...

AUGEREAU.

Où ça?

MADAME AUGEREAU.

Aux Innocents... tu y seras bien reçu... tu seras de la fête avec nous... Tiens... tu vas porter notre drapeau .. Passe-moi mon bonnet, la Marseillaise.

MIETTE.

Le voilà!

AUGEREAU, regardant le drapeau.

Les belles couleurs! comme ça brillera bien au grand soleil... J'espère le porter un jour, ce drapeau-là, non pas à une fête... non pas devant des femmes... mais un jour de bataille... et devant l'ennemi... avec ça... je passerai partout, à travers les balles, la mitraille... et on le suivra, ce drapeau, quand il sera porté par un bras solide... et quand la voix de la patrie criera : En avant! (Il sort avec sa mère.)

SCÈNE VI.

MIETTE, LOLOTTE. puis UN CAPORAL du régiment du Royal-Infanterie, ET UN OUVRIER, apportant LA MÈRE COTTEREAU.

MIETTE.

S'en va-t-elle fière, la mère Augereau! elle ne sent plus ses

soixante-cinq ans... Allons, allons, maintenant à nos cocardes.
(Lolotte est restée sur le seuil de la porte comme si elle suivait quelqu'un des yeux.)

MIETTE, s'asseyant.

Tu ne m'entends pas?

LOLOTTE.

Si... mais je regarde...

MIETTE.

Quoi?

LOLOTTE.

Un rassemblement... là... en face de nous, devant la fontaine Birague... Ah!

MIETTE.

Qu'est-ce donc?

LOLOTTE.

C'est une pauvre femme qui est tombée, et qu'un soldat et un ouvrier relèvent. Tiens! je crois qu'il l'amènent ici.

MIETTE, se levant.

Ici? ils font bien... Ouvre la porte toute grande, Lolotte.

LE CAPORAL, paraissant le premier.

Vous permettez, n'est-ce pas, qu'on fasse entrer chez vous cette pauvre vieille qui vient de tomber?...

L'OUVRIER, soutenant la femme qui semble presque évanouie.

De fatigue ou de faim!

MIETTE.

Venez, venez... du repos ou du pain, elle trouvera chez moi ce qu'il lui faut, la digne femme!... (La regardant.) Oh! je la connais.

LOLOTTE.

Vous la connaissez?

MIETTE.

Eh oui! c'est la mère Cottereau, la voisine de la ferme du *Grand-Chêne*.

LOLOTTE.

Comment est-elle ici?

MIETTE.

Oh! secourons-la d'abord, nous la ferons causer après.

LA MÈRE COTTEREAU.

Oh! ne me retenez pas... il faut que je marche, que je marche encore... (Elle essaie de se lever.)

L'OUVRIER.

Elle ne peut pas se soutenir.

MIETTE.

Voyons, la mère, vous êtes chez des amis ici... Miette... vous vous souvenez bien de Miette, la sœur de mademoiselle Armande... Eh bien!... Miette... c'est moi...

LA MÈRE COTTEREAU.

Oui... oui... vous êtes bonne, vous... et vous allez me conduire...

MIETTE.

Où ça?

LA MÈRE COTTEREAU.

Chez le roi.

TOUS.

Le roi?

LA MÈRE COTTEREAU.

Il n'y a que le roi qui fasse grâce... il est à Versailles, qu'on m'a dit... Eh bien! j'irai à Versailles... il faut que je le voie... tout de suite... tout de suite... (Elle se lève, puis elle retombe.)

MIETTE.

Plus personne!... elle se pâme, la pauvre vieille!... Aide-moi, Lolotte, à la conduire dans la salle; elle y sera mieux qu'ici.

LOLOTTE.

Je le veux bien... mais qui gardera la boutique?

MIETTE.

Ces deux braves gens, donc!... Si la pratique arrive, vous la ferez attendre, n'est-ce pas? Allons... venez, la mère... si vous ne pouvez pas marcher, on vous portera! (Miette et Lolotte prennent la mère Cottereau sous les bras et l'emmènent à gauche.)

SCÈNE VII.

LE CAPORAL, L'OUVRIER.

LE CAPORAL, riant.

Ah çà!... nous voilà transformés en demoiselles de boutique... C'est drôle.

L'OUVRIER.

Que peut vouloir au roi cette pauvre femme?

LE CAPORAL.

Elle parlait, je crois, de solliciter une grâce... mais on n'arrive pas facilement à Sa Majesté, et ce n'est pas par notre protection que la bonne vieille aura ses grandes entrées à Versailles... Vous êtes de Paris, mon camarade?

L'OUVRIER.

Non... je suis de Lectoure, et vous?

LE CAPORAL.

Moi, de Saint-Amans-la-Bastide, Languedoc. J'ai été détaché avec quelques hommes de mon régiment, le Royal-Infanterie, pour assister à la grande cérémonie de demain... Faites-vous aussi partie de quelque députation provinciale?

L'OUVRIER.

Non... je suis ouvrier, et je vais rentrer chez mon patron qui s'étonnerait d'une trop longue absence.

LE CAPORAL, lui tendant la main.

A une autre occasion, camarade... Eh! vous avez la main bien blanche pour un ouvrier.

L'OUVRIER.

C'est qu'il y a peu de temps que je suis entré dans un atelier... ma famille avait rêvé pour moi un autre avenir. Mon père, cultivateur aisé, m'avait fait étudier pour que je pusse être avocat un jour... mais ma famille a été ruinée tout à coup par la banqueroute d'un ami pour qui elle avait répondu... Alors, j'ai dû chercher un moyen de lui venir en aide, et comme toute ma science ne pouvait me mener à rien, j'ai eu recours au travail de mes bras.

LE CAPORAL.

C'est d'un brave cœur, ça! Vous avez pris un bon chemin et peut-être le plus court pour arriver à quelque chose... Tenez, si j'avais fait comme vous, aujourd'hui j'aurais une maîtrise, un état qui me ferait vivre honorablement.

L'OUVRIER.

Être soldat, n'est-ce donc pas ce qu'il y a de plus honorable au monde?

LE CAPORAL.

Je pensais comme vous quand je me suis engagé il y a cinq ans... Alors, je rêvais le bruit, le mouvement de la guerre... je n'ai eu que le calme de la paix, l'oisiveté de la garnison... je me disais : Ou je me ferai tuer, ou dans cinq ans je serai officier... Ah bien! oui, je me porte comme les tours Notre-Dame, et je suis... caporal! Bel état, c'est possible... mais triste métier. En quittant mon pays je bâtissais des châteaux en Espagne... j'illustrais mon pauvre petit village par de belles actions, je n'y revenais que pour être entouré, fêté.. que pour entendre dire : Vous voyez bien, Jean de Dieu Soult, il est parti le sac sur le dos, le voilà capitaine ou gros major... Au lieu de ça, on dira : Il y a dix ans que Soult est parti soldat... et il est revenu... caporal!

L'OUVRIER.

Il me semble impossible que de tout ce qui se passe aujourd'hui il ne résulte pas une grande guerre; alors les braves se feront place au soleil; alors vous ferez en un jour plus de chemin que vous n'en avez fait en cinq ans; alors vous serez officier, vous aurez ces belles épaulettes d'or, belles surtout quand la poudre les a noircies. Ah! porter l'épée, servir mon pays, lui donner mon sang, faire quelque chose d'un nom qui n'est rien, c'était mon rêve aussi!... Mais il m'y faut renoncer!... Vous arriverez, M. Soult, vous arriverez, j'en suis sûr. tandis que le pauvre Lannes végétera et mourra dans le fond d'un obscur atelier!... Heureux encore si, à défaut de gloire, il peut au moins donner du pain à sa famille.

SOULT.

Lannes!... Que votre prophétie s'accomplisse, camarade, et je me souviendrai de ce nom-là.

SCÈNE VIII.

LES MÊMES, LOLOTTE, PUIS DES DAMES, ET DEUX OFFICIERS, L'UN
DE CAVALERIE, L'AUTRE D'ARTILLERIE.

LOLOTTE.

La bonne femme commence à se remettre, et je viens vous
relever de votre faction.

SOULT.

Ça se trouve bien, voilà du monde qui vous arrive. (A Lannes.)
Dans quel quartier allez-vous?

LANNES.

Rue du Petit-Carreau... Avez-vous affaire de ce côté-là?

SOULT.

Jusqu'à l'appel du soir je n'ai affaire nulle part, je vous ferai
donc la conduite jusqu'à votre atelier... Adieu, la belle enfant!
(Au moment de sortir, il s'arrête et se met au salut militaire pour laisser
passer les deux officiers.) Pardon, excuse, mes officiers! (A part.)
Hein! ils sont jeunes aussi ceux-là, et ils ont l'épaulette! Oh!
je n'ai pas de chance, je n'attraperai jamais rien, voyez-vous!
(Il sort avec Lannes. Lolotte, tout en s'occupant des dames, a pourtant reconnu l'un des deux officiers.)

LOLOTTE.

Votre servante, M. Davoust. Je sais ce qu'il vous faut, mon
gentilhomme; des gants de castor... je suis à vous; permettez-
moi seulement de servir ces dames.

DAVOUST.

Faites, mon enfant, je ne suis nullement pressé. (A l'officier d'artillerie.) Je m'estime heureux d'avoir rencontré à l'improviste
dans Paris un condisciple de l'École Militaire. Vous êtes resté dans
l'artillerie?

L'OFFICIER.

Oui, j'aime cette arme; avec elle on peut faire de grandes
choses et les faire vite.

DAVOUST.

Pour moi, j'ai la vue si basse, que j'ai dû entrer dans la cavalerie. Je suis lieutenant dans le Royal-Champagne... Les cavaliers
ne combattent presque jamais qu'à l'arme blanche, et je verrai
peut-être bien l'ennemi à la portée de mon sabre... mais je
crains bien que ce sabre-là ne reste encore longtemps au fourreau; tout semble s'arranger.

L'OFFICIER.

Vous croyez?

DAVOUST.

La révolution est finie, ce me semble.

L'OFFICIER.

Quand la France s'émeut, l'Europe s'agite; quand la France
se lève, les peuples se réveillent; les gouvernements voudront
peut-être l'enfermer, cette France, dans un cercle de fer, les

insensés!... La révolution, que vous croyez finie, M. Davoust, la révolution commencera seulement; alors elle confiera son drapeau à la France en armes, et ce drapeau fera le tour du monde.

LOLOTTE.

Ah! voici, Mademoiselle; elle va vous servir, Messieurs.

SCÈNE IX.

LES MÊMES, MIETTE.

MIETTE.

Certes !... Que faut-il à ces Messieurs?

LE LIEUTENANT.

Des gants, s'il vous plaît.

MIETTE.

Voici le carton, Lolotte; essaie à Monsieur, moi je sais ce que je dois donner à M. Davoust... Je vous demande bien excuse de vous avoir fait attendre...

LE LIEUTENANT, à Lolotte, qui lui présente des gants.

Tout cela est trop grand, Mademoiselle.

LOLOTTE.

C'est vrai! Oh! quelle petite main pour un homme...

MIETTE.

Oh! je pense à une chose... Oui... vous qui êtes gentilhomme et officier, vous pourrez être utile à cette pauvre femme... Tenez, je vais vous conter son histoire; elle n'est pas longue..... (Aux autres personnes qui sont dans la boutique.) Vous pouvez l'écouter, Mesdames .. (Les acheteuses se rapprochent.)

LE LIEUTENANT, à Lolotte, qui lui présente des gants.

C'est encore trop grand.

MIETTE.

La mère Cottereau est une digne femme que j'ai connue dans le Maine, elle habite là une misérable closerie où elle a élevé ses cinq enfants. L'aîné, Jean Cottereau, a eu le malheur, en faisant la contrebande du sel, de faire feu sur des gabeleurs qui le voulaient prendre... Il a été conduit au prévôt, puis mis en jugement, enfin condamné à être pendu.

TOUS.

Ah!

MIETTE.

La vieille en allait devenir folle, quand elle s'est souvenue que le roi pouvait faire grâce... Alors la brave mère, malgré ses soixante-treize ans, s'est mise en route, marchant le jour et la nuit. En arrivant à Paris, elle est tombée à moitié morte sur le pavé... et, maintenant qu'elle est un peu remise, savez-vous ce qu'elle dit : Le roi n'est pas à Paris, il est à Versailles, eh bien' j'irai à Versailles!... et elle veut partir... et elle dit qu'elle arrivera... que Dieu ne peut pas la laisser mourir avant qu'elle ait accompli sa tâche, car Dieu protége les mères.

DAVOUST.

Il est inutile d'aller à Versailles, le roi arrive à Paris aujour-
d'hui. Je saurai s'il est possible de lui faire parvenir une demande en grâce, et, dans ce cas, je viendrai vous prévenir... Il
faudrait, à tout événement, préparer une supplique au roi.

MIETTE.

Je m'en charge...

DAVOUST.

Il faudrait aussi assurer le prompt retour de la pauvre femme,
lui payer une place à la voiture du Mans.

MIETTE.

Oh! ça me regarde.

DAVOUST.

Permettez-moi de m'associer à votre bonne œuvre... moi
aussi j'ai une mère!...

MIETTE.

Ma foi, j'accepte, M. Davoust; et, tenez, je vais faire une col-
lecte à la ronde; donnera qui voudra.

LES CHALANDS.

Nous donnerons tous.

LOLOTTE.

Décidément j'y renonce, vous avez une main de femme, mon
officier. (Pendant ce temps, Miette a fait le tour de la boutique; elle va s'a-
dresser au lieutenant, qui est assis à l'extrémité à droite, mais Davoust fait signe
à Miette de venir lui parler.)

DAVOUST, à voix basse.

Ne vous adressez pas à ce jeune homme.

MIETTE.

Il refuserait?

DAVOUST.

Oh! non... mais... je le connais... il n'est pas riche... et soutient seul une nombreuse famille.

MIETTE.

Oh! c'est bien, M. Davoust. (Haut.) Voilà ma récolte faite.

LE LIEUTENANT.

Mais vous m'avez oublié, moi...

MIETTE.

Pardon, mon officier... je n'avais point osé.

LE LIEUTENANT, se levant.

Oh! la bourse d'un lieutenant est bien légère; mais, tenez, j'y
trouve un petit écu qui ne peut être mieux employé qu'à secou-
rir votre protégée.

LOLOTTE, à part.

Tiens! il n'avait pas l'air d'écouter... il avait tout entendu.

LE LIEUTENANT, à Davoust.

Je comptais acheter un billet ce soir à la Comédie-Française.

DAVOUST.

Eh bien!... si vous voulez, je puis vous prêter...

LE LIEUTENANT.

Merci!... ce serait trop dépenser en un jour... J'irai voir mon ami Talma, et par lui j'aurai peut-être une entrée de faveur... Adieu, Mademoiselle... à revoir, M. Davoust.

DAVOUST.

Je sors avec vous...

MIETTE.

Et quand vous reverrai-je?

DAVOUST.

Ce soir, sur la place de la Bastille, où j'ai déjà un rendez-vous... Je vous dirai s'il est possible d'arriver jusqu'au roi.

MIETTE.

Merci et adieu!... Ah!... (Elle le rattrape sur le seuil de la porte.) dites-moi donc le nom du jeune homme au petit écu?

DAVOUST.

Napoléon Bonaparte, lieutenant au 4ᵉ régiment d'artillerie... A ce soir. (Il sort.)

MIETTE, à Lolotte.

Maintenant, allons porter cet argent à la brave mère. (Elle rentre à droite.)

Acte premier. — Troisième tableau.

LES RUINES DE LA BASTILLE.

La place de la Bastille. — A droite les ruines de la Bastille, au milieu desquelles on a disposé une place pour danser, un large écriteau avec ces mots : *Ici l'on danse*, indique l'entrée du bal ; des chaînes suspendues en guirlandes entourent l'emplacement où l'on doit danser. — A gauche, au premier plan, un petit cabaret ; devant ce cabaret une petite tonnelle de vignes, et sous la tonnelle une table et des chaises. — A gauche, au deuxième et troisième plan, l'entrée de la rue Saint-Antoine ; au fond, la ligne des boulevards.

SCÈNE PREMIÈRE.

BONIFACE, UN PEINTRE, UN CABARETIER, BOURGEOIS, OUVRIERS, puis JEAN COQUIN.

(Au lever du rideau, le peintre, monté sur une échelle double, achève de peindre l'inscription. — Le cabaretier, au départ des ouvriers, suspend des chaînes en guirlandes. — Quelques bourgeois sont assemblés et se montrent en riant l'inscription.)

BONIFACE, arrivant de la gauche.

Fameux l'écriteau ! Et quand ouvrez-vous votre bal des vainqueurs de la Bastille?

LE CABARETIER.

Demain, après la fête de la Fédération, et tu vois, je place les guirlandes.

BONIFACE.

Eh bien, merci! le vent ne les enlèvera pas, celles-là! Ah çà! mais, dites donc, père Lavigne : vous êtes un patriote fini. Vous donnez à danser ici, et vous donnez à boire, dans un cabaret improvisé, aux terrassiers du Champ-de-Mars. Il ne doit pas désemplir, votre petit cabaret... Quand on pense qu'il y a là-bas dix mille hommes qui travaillent depuis six semaines à faire une place assez grande pour recevoir toute la France... qui sera demain à Paris... On ne se reconnaît plus dans la bonne ville... on ne rencontre à présent que des Bretons, des Picards, des Provençaux, des Gascons, des Normands... Et, tenez... je gage qu'en voilà un Normand.

(Il montre Jean Coquin qui entre le nez en l'air et les mains dans ses poches.)

JEAN COQUIN, à lui-même.

C'est-y grand, c' Paris!... Quand je suis descendu des voitures du Pas-de-la-Mule, on m'a dit : Pour gagner la rue Saint-Antoine, faut suiv' tout dret l' boulevard jusqu'à la Bastille... J'ons suivi l' boulevard, j'en sommes à la fin... et je ne voyons pas la Bastille... J' vas la demander. (Allant à Boniface.) Oùs qu'est la Bastille, s'il vous plaît?

BONIFACE.

Vous y êtes, mon brave homme.

JEAN, cherchant.

J'y suis?

BONIFACE.

Oui ; mais elle n'y est plus.

JEAN.

On l'a changée de place?

BONIFACE.

Elle gênait la circulation... on l'a supprimée... Voilà ce qui en reste.

JEAN.

Oh! est-il permis de mettre des monuments dans un état pareil... Et la rue Saint-Antoine, l'a-t-on supprimée aussi?

BONIFACE.

La voilà devant vous.

JEAN.

Oh! elle est si longue que ça...J' me perdrons moi là-dedans.. Dites donc, militaire, êtes-vous de ce pays-ci, vous?

BONIFACE.

De Paris? Oui... né natif.

JEAN.

Alors, vous devez connaître tout le monde?

BONIFACE.

Tout le monde... à Paris... Merci!

JEAN.

Chez nous, j' connaissons tout le monde... moi... D'ailleurs, y s'agit de quelqu'un qui loge rue Saint-Antoine.

BONIFACE.

Ah! c'est ma section... Voyons... qui cherchez-vous?.. Est-ce un homme?... est-ce une femme?...

JEAN.

C'est ma tante.... et je viens la voir d'après le conseil de Godeau.

BONIFACE.

Qu'est-ce que c'est que ça, Godeau?

JEAN.

Un fin renard, allez... Il avait su que mon oncle était mort et qu'il avait laissé tout son bien à sa femme, une intrigante, ben sûr, qui me frustre; oui, elle me frustre, et Godeau m'a dit : Va à Paris, câline ta tante, et tâche qu'elle te couche...

BONIFACE.

Chez elle?

JEAN.

Sur son testament... Comme ça... ce qui sera différé ne sera point perdu... et je suis venu, da...

BONIFACE.

En voilà un Normand!.. (Haut.) Nous disons donc que votre tante s'appelle...

JEAN.

C'te bêtise! Elle s'appelle comme mon oncle.

BONIFACE.

C'est juste! et quand je saurai le nom de votre oncle...

JEAN.

Marcaillou... Chrysostome Marcaillou.

BONIFACE.

Tiens!

JEAN.

Vous connaissez ma tante?

BONIFACE.

Comme mes baguettes.

JEAN.

Oh! dites-moi qu'elle est laide, qu'elle est vieille, qu'elle n'a plus de dents, et vous me ferez plaisir.

BONIFACE.

Du tout... Elle est jeune, jolie, et elle a toutes ses dents.

JEAN.

Mais alors, elle se remariera, la malheureuse.

BONIFACE.

Je crois qu'elle en meurt d'envie.

JEAN.

Ah! je suis ruiné.

BONIFACE.

Eh ben! quoi donc?

JEAN.

Ah ! je ne me sens pas bien.

BONIFACE.

Il faut entrer quelque part... (Il le mène sous la tonnelle.) il faut prendre quelque chose..!

JEAN.

Oui... un verre d'eau...

BONIFACE.

C'est ça... Père Lavigne!... un verre d'eau pour Monsieur.... un verre de vin pour moi... ça vous remettra...

(Pendant qu'on les sert sous la tonnelle, un officier de la garde nationale parisienne, accompagné de deux officiers de gardes nationales de province, parait au fond.)

SCÈNE II.

LES MÊMES, LEFÈVRE, MASSÉNA, BESSIÈRES.

MASSÉNA.

C'est bien au capitaine Lefèvre que nous avons l'honneur de parler?

LEFÈVRE.

Oui, Messieurs.

MASSÉNA.

Le général Lafayette nous a envoyés à vous, capitaine, pour nous faire connaître la position que nous devrons occuper demain et le rang que nous prendrons dans le cortège.

LEFÈVRE.

Je vois, Messieurs, que vous faites partie des députations des gardes nationales des départements... Les fédérés et les gardes nationaux se placeront suivant l'ordre alphabétique... Ainsi, le département de l'Ain tiendra la droite à la Madeleine, et le département de l'Yonne la gauche à la Bastille.

BESSIÈRES.

Diable! nous serons presque aux deux extrémités.

LEFÈVRE.

Vous avez vos feuilles de route, Messieurs.

BESSIÈRES ET MASSÉNA.

Les voilà!... et nous venons de loin.... je vous assure.

LEFÈVRE, lisant.

Bessières, capitaine de grenadiers de la garde nationale de Preissac... Lot.

BESSIÈRES.

C'est moi.

LEFÈVRE, lisant.

Masséna, capitaine adjudant-major de la garde nationale du Var.

MASSÉNA.

Je serai à peu près ici, n'est-ce pas?

LEFÉVRE.

Je vais vous indiquer précisément votre place, capitaine. Vous
serez à la hauteur de la rue du Pas-de-la-Mule... Vous me direz
à quel nombre d'hommes vous commandez, et on vous réservera
l'emplacement nécessaire.

MASSÉNA.

Vous êtes officier d'état-major, Monsieur?

LEFÉVRE.

Non, Monsieur; mais le général Lafayette a quelque confiance
en moi. Quoique jeune encore, je suis déjà un ancien soldat.

MASSÉNA.

C'est comme moi, parbleu! Je devrais avoir mieux qu'un grade
dans une garde civique.... J'ai d'abord servi dans la marine,
comme mousse; puis dans l'armée de terre pendant quatorze
ans; mais l'épaulette ne venait pas, attendu que je m'appelais
Masséna tout court. Alors, ma foi... le dégoût m'a pris, et je
suis revenu à Nice, mon pays, à peu près comme j'en étais parti...
Il a fallu une révolution pour faire de moi un capitaine.... de
garde nationale.

BESSIÈRES, regardant autour de lui.

Il y a un an, la tempête populaire a passé par ici.

MASSÉNA.

Oui... et elle a tout renversé.

LEFÉVRE.

Après l'orage, le beau temps est revenu; après la colère, la
gaieté... Sur cette place, on s'est battu courageusement de part
et d'autre; il y a eu de regrettables victimes! Aujourd'hui,
vainqueurs et vaincus se donnent la main... aujourd'hui, (Montrant
l'écriteau.) lisez : Ici, l'on danse. (Il sort avec Masséna et Bessières.)

SCÈNE III.

JEAN COQUIN, BONIFACE.

BONIFACE.

Eh ben! (Buvant.) ça va mieux, n'est-ce pas?

JEAN.

Oui...

BONIFACE.

Voulez-vous encore un verre d'eau?

JEAN.

Non ! j'aime mieux parler de ma tante.

BONIFACE.

Tenez, pendant que vous vous pâmiez là, il m'est venu une
idée.

JEAN.

Qui me fera hériter de ma tante?

BONIFACE.

Non... mais de votre oncle.

JEAN.

Puisqu'il m'a frustré pour sa femme... puisque c'est elle qui a tout ?

BONIFACE.

Eh ben !.. il y a un moyen d'avoir tout...

JEAN.

Tout ce qu'a ma tante ?

BONIFACE.

Sans doute... Épousez-la.

JEAN.

Épouser ma tante !!

BONIFACE.

Qui est jeune, jolie, et qui n'a été votre tante que pendant trois jours...

JEAN.

Tiens ! tiens ! mais elle n'est point mauvaise vot' idée...

BONIFACE.

Elle vaut bien une seconde bouteille, n'est-ce pas ?

JEAN.

Oui-da, j' paierons la seconde bouteille...

BONIFACE.

Avec la première.

JEAN.

Vous dites-donc qu'elle est jolie, ma tante ?...

BONIFACE.

Eh ! tenez... je n'aurai pas besoin de vous la dépeindre, la voilà.

JEAN.

Où ça ?

BONIFACE.

Voyez vous ces deux beaux brins de femmes qui viennent par ici... c'est...

JEAN.

C'est Miette.

BONIFACE.

La belle Provençale, et l'autre...

JEAN.

C'est...

BONIFACE.

Madame votre tante... Payez, et je vas vous présenter...

SCÈNE IV.

LES MÊMES, MIETTE, LOLOTTE.

(Pendant que Boniface appelle le garçon et prie Jean Coquin de payer, Miette et Lolotte descendent en scène.)

MIETTE.

Té ! toutes nos cocardes sont faites... la mère Cottereau dort comme une bienheureuse ; nous avons clos la boutique pour venir un peu prendre l'air... C'est ici d'ailleurs que M. Davoust doit me rendre sa réponse.

JEAN, bas à Boniface.

Dites-donc, elle est plus jeune que moi, ma tante.

BONIFACE, même jeu.

Plaignez-vous donc que la mariée soit trop belle... Ah! mais n'ayez pas l'air bête comme ça... Je vas faire votre présentation. (Haut.) Salut à la belle Provençale, sans oublier sa compagnie.

MIETTE.

Bonjour petit tapin... que caches-tu donc derrière toi?

BONIFACE.

Une surprise pour madame veuve Marcaillou.

LOLOTTE.

Pour moi?

BONIFACE.

Une chose qui peut servir à deux fins... un neveu ou un futur... (Montrant Jean.) Voilà l'objet.

MIETTE.

Jean !

LOLOTTE.

Oh! qu'il est vieux pour un neveux! (Apercevant Davoust qui vient de la gauche.) Miette... voici M. Davoust.

MIETTE.

Je l'attendais... Lolotte, retourne à la maison, ton neveu te donnera le bras jusqu'à la fontaine.

JEAN.

Oh ! oui... oh! oui...

BONIFACE, à Lolotte.

Est-ce comme neveu ou comme futur, que vous prenez M. Jean?

LOLOTTE.

C'est comme cavalier, voilà tout, monsieur Boniface. (Elle sort en courant avec Jean; pendant ce jeu de scène, Davoust s'est approché de Miette.)

SCÈNE V.

Les mêmes, DAVOUST, puis MADAME AUGEREAU.

MIETTE.

Eh bien! monsieur Davoust, avez-vous pensé à ma protégée?

DAVOUST.

Oui, ma chère enfant, mais le gentilhomme ordinaire de la chambre à qui je me suis adressé m'a répondu que le roi ne recevrait personne pendant son séjour à Paris, et qu'il était impossible de lui faire parvenir ni supplique ni pétition.

MADAME AUGEREAU, qui écoutait les derniers mots.

Oui-da! sois calme, Miette... si M. le gentilhomme ordinaire a dit ça, moi, la mère Augereau, je te réponds que la demande en grâce de ta pauvre vieille arrivera jusqu'au roi... je m'y intéresse à c'te femme, depuis que tu m'as conté son histoire. J'y intéresserai toute la Halle, et la Halle ça suffit.

DAVOUST, souriant.

Puissiez-vous être plus heureuse que moi, Madame... Adieu, Miette.

MIETTE

Je vous remercie toujours bien, monsieur Davoust. (Il s'éloigne.)

MIETTE, revenant à madame Augereau.

Vous dites donc que vous avez un moyen ?...

MADAME AUGEREAU.

Oui...

MIETTE.

Un bon ?...

MADAME AUGEREAU.

Excellent... demain, tu amèneras la vieille mère à l'estrade des dames de la Halle, au coin de la rue du Bac, c'est là que nous devons offrir notre bouquet au roi ; eh ben, nous mettrons la supplique de la vieille dans notre bouquet... le roi l'aura comme ça tout de suite. (Grand bruit au dehors. On entend battre le rappel.)

TOUS.

Qu'est-ce que c'est que ça ?... (De tous les côtés on voit arriver des groupes sur la place.)

SCÈNE VI.

LES MÊMES, AUGEREAU, ramenant BONIFACE, battant le rappel.

AUGEREAU.

C'est ça, Boniface, du poignet, mon bon homme !...

TOUS.

Qu'est-ce qu'il y a ?...

AUGEREAU.

Il y a, mes enfants, que les ouvriers manquent au Champ-de-Mars... et que la fête n'aura pas lieu demain, si tout Paris ne court pas prêter la main aux terrassiers... On rappelle dans les quartiers pour avoir du monde ; il ne faut que des bras, une pioche, une brouette et du cœur pour faire sa tâche. Aussi, hommes, femmes, enfants... tout le monde s'en mêle... les jeunes y courent à pied... les vieux en chaise à porteur... les dames en fiacre... et le quartier Saint-Antoine ne se croisera pas les bras, j'espère... Il faut à tout prix faire place nette... la fête de demain... c'est la fête de la nation ; il faut qu'elle soit digne de la France.

TOUS

Oui, oui...

AUGEREAU.

En avant donc... au Champ-de-Mars.

TOUS.

Au Champ-de-Mars. (Tableau général du départ des travailleurs à pied,
à cheval, en chaise à porteur, en charrette et en fiacre.)

Acte premier. — Quatrième tableau

LES TRAVAILLEURS DU CHAMP-DE-MARS.

Une barraque en bois servant de cabaret. — Porte à gauche et conduisant dans une salle intérieure. — Porte à droite conduisant au
dehors. — Des tables, des escabeaux, des planches posées sur des
tonneaux composent tout le mobilier de l'établissement qui se
remplit de monde. — Toutes les tables sont bien vite occupées. —
Des garçons font circuler des brocs de vin; d'autres font rouler
des tonneaux pleins. — Tableau joyeux et animé, éclairé par des
torches.

SCÈNE PREMIÈRE.

LE PÈRE LAVIGNE, GARÇONS, BUVEURS, puis BONIFACE,
BONAPARTE ET TALMA.

LE PÈRE LAVIGNE, aux garçons.

Chaud, chaud, mes enfants. Je viens d'amener avec moi dix
tonneaux d'un petit Argenteuil aux oiseaux, et je n'en veux pas
remporter une goutte.

LE GARÇON.

Soyez tranquille, patron, tout y passera.

BONIFACE, entrant une pioche à la main.

Ohé! père Lavigne... une table!

LE PÈRE LAVIGNE.

Il n'y en a plus.

BONIFACE.

Une chaise!

LE PÈRE LAVIGNE.

Il n'y en a plus.

BONIFACE.

Un tabouret, un escabeau!

LE PÈRE LAVIGNE.

Il n'y en a plus.

BONIFACE.

Alors, je m'installe. (Il s'assied par terre.) A présent, faites-moi
servir n'importe quoi... Oh! j'ai besoin de me substanter un
peu. Après avoir fait des *ra* et des *fla* de la Bastille au Champ-
de-Mars, je me suis mis à piocher pendant quatre heures sans
arrêter; ma foi, je ne sentais plus mes bras; je me suis dit : à

d'autres... d'ailleurs, on manquait d'ouvriers tantôt, on en a trop à présent.

LE PÈRE LAVIGNE.

Voilà toujours du vin.

BONIFACE.

Le premier verre : A la nation !

TOUS, levant leurs verres.

A la nation ! (Bonaparte et Talma sont entrés et placés à un des coins de la salle au premier plan à droite; ils examinent et écoutent.)

BONAPARTE.

Eh bien ! mon cher Talma, comprenez-vous que j'aie préféré ce spectacle à la représentation de ce soir ?

TALMA.

Certes... cette immense étendue de terrain, ces dix mille flambeaux éclairant cent mille travailleurs... l'air retentissant de cris joyeux, de chants nationaux; l'autel de la Fédération s'élevant comme par prodige ; tout un peuple ne formant qu'un atelier, qu'une famille... ah ! c'est beau ! c'est sublime !

BONAPARTE.

Que de grandes choses on pourrait accomplir avec une nation comme celle-là !

SCÈNE II.

LES MÊMES, GOUVION SAINT-CYR.

GOUVION.

Ah ! pardieu ! j'ai pioché aujourd'hui pour toute ma vie.

TALMA.

Voilà un de mes camarades, monsieur Bonaparte; je vous présente monsieur Gouvion Saint-Cyr.

BONAPARTE.

Monsieur est artiste ?

GOUVION.

Je me suis cru d'abord une vocation décidée pour la peinture. Après avoir étudié à Paris, je suis allé à Rome, en Sicile ; mais je me suis aperçu un peu trop tard que je ne ferais jamais qu'un affreux barbouilleur. Vous voyez, Messieurs, que je suis loin du but... l'atteindrai-je jamais? qui sait? Je finirai peut-être par où j'aurais dû commencer, par l'état de mon père, qui était tanneur. Ah ! par exemple, je n'en ferai pas compliment à mademoi-selle Lenormand.

TALMA.

Ah ! ah ! la devineresse, la Cassandre moderne, vous l'avez consultée?

GOUVION.

J'ai eu cette faiblesse.

BONAPARTE.

Et que vous a-t-elle prédit?

GOUVION.

Des folies! elle m'a assuré que chacun ici-bas avait son étoile, étoile brillante ou nébuleuse, et que la mienne était brillante... Je ne brille pourtant guère. Enfin, nous verrons... Cabaretier, du vin.

BONIFACE.

Si vous voulez prendre place à ma table, donnez-vous la peine de vous asseoir.

BONAPARTE, à Talma.

Vous connaissez cette demoiselle Lenormand?

TALMA.

Oui, de vue; et tenez, tout à l'heure, elle a passé près de vous... elle vous a même beaucoup regardé.

BONAPARTE.

Moi?

TALMA, riant.

L'éclat de votre étoile l'a peut-être frappée. (Regardant à sa montre.) Il se fait tard, rentrons-nous?

BONAPARTE.

Oui.

TALMA.

Je vais relire Corneille, mon vieux Romain... Et vous, les Commentaires de César, n'est-ce pas? C'est là que vous apprenez le grand art de la guerre.

BONAPARTE.

On n'apprend pas la victoire, mon cher Talma. L'étude fait les Fabius, le génie seul fait les Césars; et le génie vient de Dieu. (Ils sortent en causant.)

SCÈNE III.

BONIFACE, GOUVION, puis BRUNE, MURAT, BERNADOTTE, MADEMOISELLE LENORMAND.

BONIFACE, à Gouvion.

Je vous reconnais, vous; nous avons travaillé ensemble au même talus.

GOUVION.

Et vous y alliez d'un cœur!...

BONIFACE.

C'est une belle chose, le patriotisme... mais ça altère... Père Lavigne! du vin.

LE GARÇON, bas, au père Lavigne.

Il n'y en a bientôt plus dans les futailles.

LE PÈRE LAVIGNE.

Il faut qu'il y en ait toujours... le bon Dieu n'a pas créé l'eau que pour les canards. (Bruit au dehors.)

TOUS.

Qu'est-ce que c'est?

UNE FEMME, qui a été voir.

Un blessé !

TOUS.

Un blessé !

BONIFACE.

Eh ! oui... c'est un bourgeois.

GOUVION.

Vite une chaise ! (On voit entrer mademoiselle Lenormand, précédant Brune, soutenu par Murat, en uniforme de la garde constitutionnelle, et un sergent du régiment de Royal-Marine.)

MADEMOISELLE LENORMAND.

Du secours, mes amis ! du secours !

LE BOURGEOIS, blessé.

Ce n'est rien... qu'un coup de pioche donné étourdiment.

MURAT.

En plein sur le bras... il faut panser ça tout de suite.

MADEMOISELLE LENORMAND.

Ceci me regarde. (On a fait asseoir le bourgeois; on a apporté de l'eau. Mademoiselle Lenormand déchire son mouchoir et bande la plaie qui est au bras, au-dessus du poignet.)

GOUVION, à lui-même.

Tiens! mademoiselle Lenormand !... décidément, tout Paris est au Champ-de-Mars ce matin.

MURAT.

L'entaille est soignée... et dire que c'est moi qui suis cause de l'accident !

LE BOURGEOIS.

Vous, mon cher ?

MURAT.

Certainement, monsieur Brune : pendant que je vous remerciais de votre protection, qui m'a fait entrer dans la garde constitutionnelle du roi, vous regardiez de mon côté et vous n'avez pu ni voir, ni parer le coup (Montrant le sergent.) de ce grand maladroit-là.

BRUNE.

Le pauvre garçon est, j'en suis sûr, plus fâché que moi de ce qui vient d'arriver.

LE SERGENT.

C'est vrai, Monsieur; un sergent est plus habitué au mousquet qu'à la pioche... Ça ne sera pas grave, n'est-ce pas ?

BRUNE.

Non, mon ami... une meurtrissure, voilà tout.

LE SERGENT.

Ah! tant mieux. A présent, (A Murat.) monsieur le garde. à nous deux; j'ai la prétention de vous prouver que Jean Bernadotte, sergent au régiment de Royal-Marine, n'est pas maladroit à tous les exercices, et si une partie de bancal ne vous était pas trop désagréable...

MURAT.

Comment donc! depuis l'épingle jusqu'au canon, je suis votre homme, beau sergent.

BRUNE.

Eh bien!... eh bien, mes amis, une querelle un jour où tous les Français sont frères!

GOUVION.

Le fait est que la dispute n'est pas de circonstance.

BRUNE.

Murat, tendez la main à ce brave garçon.

MURAT.

Mais, monsieur Brune...

BRUNE.

Je vous en prie.

MURAT.

Je n'ai rien à vous refuser, à vous. Voyons, sergent Bernadotte, sommes-nous amis, oui ou non?

BERNADOTTE, après avoir hésité.

Oui. (Il lui donne la main.)

BRUNE.

Ces mauvaises têtes-là m'empêchaient de vous remercier, Madame... Mais que regardez-vous donc? je n'ai pas de blessure à la main.

GOUVION.

Laissez faire, Monsieur; mademoiselle Lenormand est peut-être en train de lire dans votre destinée.

TOUS.

Mademoiselle Lenormand!

MADEMOISELLE LENORMAND.

Puisque je suis reconnue... permettez-moi, monsieur Brune, c'est ainsi qu'on vous nomme?

BRUNE.

Oui, Madame.

MADEMOISELLE LENORMAND.

Permettez-moi de poursuivre mon examen... il m'intéresse... oui... je ne me trompe pas... c'est bien cela... votre avenir sera brillant, illustre.

GOUVION, à part.

Bon!... comme le mien; je crois qu'elle dit la même chose à tout le monde.

BRUNE.

Illustre! cela n'est pas probable, j'en demande pardon à votre science, journaliste obscur, littérateur perdu dans la foule, je doute fort que la célébrité vienne jamais me chercher si bas.

MADEMOISELLE LENORMAND.

Si ces signes ne m'abusent pas, vous serez une de nos grandes gloires militaires.

BRUNE.

Moi ?... je ne suis pas même soldat, et la plume est la seule arme que j'aie appris à manier.

MADEMOISELLE LENORMAND.

C'est écrit, monsieur Brune.

MURAT.

Puisque Madame lit si bien dans le creux de la main... je serais assez curieux de savoir si je mourrai officier.

BERNADOTTE.

Moi, je suis sûr de mon affaire, je mourrai sergent.

MADEMOISELLE LENORMAND.

Qui sait : voyons, donnez-moi vos mains.

MURAT ET BERNADOTTE.

Voilà.

MADEMOISELLE LENORMAND.

Oh! c'est étrange... c'est bien étrange... et je doute moi-même...

MURAT.

Il paraît que c'est effrayant... Allons... allons... dites-nous la chose telle que vous la voyez... Bah !

MADEMOISELLE LENORMANT.

Vous êtes?...

MURAT.

Murat, simple cavalier.

MADEMOISELLE LENORMAND.

Et vous ?

BERNADOTTE.

Bernadotte, sergent.

MADEMOISELLE LENORMAND, à demi voix.

Eh bien! Messieurs, vous mourrez rois.

MURAT ET BERNADOTTE.

Hein!... rois !

MADEMOISELLE LENORMAND.

Oui... et rois tous les deux. (Elle s'éloigne.)

MURAT riant.

Ah ! elle est forte celle-là...

BERNADOTTE, riant.

On s'est moqué de nous.

MURAT.

Je le crois. (On entend le son d'une cloche.) On reprend les travaux suspendus... il y a encore un dernier coup de collier à donner.

BRUNE.

Et nous irons tous.

TOUS.

Oui, tous.

MURAT.

C'est ça... en attendant ma couronne, je vais rouler la brouette.

TOUS.

Au travail... au travail... (Chacun reprend sa pioche, sa pelle et sa brouette, et sort en courant.)

Acte premier. — Cinquième tableau.

LA FÉDÉRATION.

L'extrémité du Pont-Royal aux troisième et quatrième plans à droite. — Aux deuxième et troisième plans le parapet du quai. — Aux premier et deuxième plans à gauche la maison formant l'encoignure de la rue du Bac : devant cette maison une estrade disposée pour recevoir des spectateurs. — Au fond la ligne des quais. — La terrasse du bord de l'eau. — Des mats pavoisés, des inscriptions patriotiques.

Au changement à vue, des groupes arrivent du quai, du Pont-Royal de la rue du Bac. On entend battre le rappel. On voit des gardes nationaux isolés se rendant à leurs postes.

SCÈNE PREMIÈRE.

BARNABÉ, BOURGEOIS DE PARIS, SOLDATS SUISSES, GARDES-FRANÇAISES, FÉDÉRÉS, GARDES NATIONAUX.

BARNABÉ, criant au milieu des groupes.

Place à louer ! place à louer.

LE MARCHAND DE TISANE.

A la fraîche, qui veut boire ?

LA MARCHANDE DE PLAISIR.

Voilà le plaisir, Mesdames, voilà le plaisir.

LE MARCHAND DE GAZETTES.

Voilà ce qui vient de paraître... l'ordre et la marche du cortège.

BARNABÉ.

Voilà la nouvelle garde constitutionnelle. Cré coquin, ça sera t'y beau ! ça sera t'y beau ! Place à louer !... place à louer !...

(On voit venir quelques cavaliers de la garde constitutionnelle, commandés par un officier et précédés d'un trompette. Parmi ces cavaliers, on reconnaît Murat. — Les cavaliers s'engagent sur le pont ; mais au cri de halte poussé par l'officier qui a déjà disparu sur le pont, le détachement s'arrête. Les deux derniers cavaliers sont encore en scène, à l'entrée du pont. Murat est l'un de ces cavaliers.)

BARNABÉ.

Ah ! bon ! il y a tant de troupes de l'autre côté, le long de la terrasse du bord de l'eau, qu'on ne peut plus passer le pont.

VOIX DE FEMMES, en dehors.

Place ! place ! qu'on passe !

BARNABÉ.

Ohé ! les dames de la Halle en grands falbalas... Patatras ! en v'là de l'embarras.

SCÈNE II.

LES MÊMES, MADAME AUGEREAU, MIETTE, LA MÈRE COTTE-REAU, LOLOTTE, JEAN COQUIN, DAMES DE LA HALLE.

LES DAMES DE LA HALLE.

Place !... place !...

MIETTE, donnant le bras à la mère Cottereau.

Venez, n'ayez pas peur, la mère.

MADAME AUGEREAU.

Nous vous avons promis que vous parleriez au roi... et on n'a qu'une parole aux Innocents... n'est-ce pas, Mesdames ?

TOUTES.

Oui !... oui !...

MADAME AUGEREAU.

Où est le bouquet ?

UNE DAME, le donnant.

Voilà.

MADAME AUGEREAU.

Et la supplique ?

MIETTE.

Je l'ai sur moi.

MADAME AUGEREAU.

Donne... (Elle met le papier au milieu des fleurs.) Et à présent, tenez-vous prête à courir aussitôt que la voiture passera...

LA MÈRE COTTEREAU.

Moi ?...

MADAME AUGEREAU.

Si vous avez peur, Miette vous soutiendra.

MURAT, à cheval, se retournant.

Hein ! qui est-ce qui s'appelle Miette ici ?

MIETTE.

Moi, monsieur le cavalier.

MURAT.

Pardieu !... ça devait être... vous êtes la plus jolie.

MIETTE.

Et d'où savez-vous mon nom ?

MURAT.

De la ferme du Grand-Chêne.

MIETTE, émue.

Ah ! et qui vous a parlé de moi ?

MURAT, se penchant vers elle.

Qui ?... lui...

MIETTE.

Maurice ?

MURAT.

Et je me suis même chargé d'une commission pour vous.

MIETTE.

Pour moi?...

MURAT.

Oh! trois mots seulement... ah! mais approchez-vous, je ne puis pas faire ma commission de si loin.

MIETTE, s'approchant.

Eh bien! ces trois mots ?

MURAT.

Miette, je t'aime !...

MIETTE, jetant un petit cri.

Ah!

MURAT, l'embrassant.

Voilà...

MIETTE, jetant un autre cri.

Ah!

LA VOIX DE L'OFFICIER.

En avant!... (Les cavaliers disparaissent. — On entend une musique militaire.)

MADAME AUGEREAU.

Ohé! Miette, viens ma fille... ça va commencer.

BARNABÉ.

As pas peur... on n'a pas encore tiré le canon, et les fêtes ça commence toujours par le canon... Non... c'est la section Saint-Germain qui arrive musique en tête pour former la haie. (On voit arriver un fort détachement de gardes nationaux, tambours et musique en tête; ils descendent la rue du Bac et se forment en haie sur le pont et sur le quai. La musique se place à droite, au premier plan, à la sortie du pont.)

L'OFFICIER.

Halte !... front! (A peine sont-ils placés, que des acclamations retentissent vers les quais.)

BARNABÉ.

C'est le général Lafayette qui va au-devant du roi.

L'OFFICIER.

Attention! portez armes! (Le général Lafayette, à cheval, suivi de deux aides-de-camp, passe, salue et traverse le pont. A ce moment on entend tirer le canon. — Mouvement général.)

BARNABÉ.

V'là le canon. Le roi sort des Tuileries.

Les tambours font un roulement. — Les gardes nationaux reforment la haie. — Des gens du peuple montent sur le parapet, des enfants grimpent sur les poteaux à lanternes. — La marche commence.

1° La garde constitutionnelle à cheval;

2° Les fédérés;

3° Les gardes-françaises ;

4° Les gardes-suisses ;

5° La garde nationale ;

6° Les gardes du corps, musique en tête ;

7° Les Cent-Suisses ;

8° Lafayette et son état-major ;

9° La voiture du roi ; voiture à huit chevaux conduits par des piqueurs à grandes livrées, entourés par des pages en grand uniforme ;

10° Derrière la voiture, un détachement de gardes du corps.

Au moment où la voiture du roi passe, les dames de la halle, poussant devant elles la mère Cottereau, l'amènent jusqu'à la portière. La pauvre vieille, soutenue par Miette, présente le bouquet, et crie grâce. — Le roi a pris le bouquet. — Tableau général.

Acte deuxième. — Premier tableau.

LES VOLONTAIRES DE PARIS.

La boutique de madame Augereau. Les volets du fond sont fermés. Le jour ne pénètre que par les carreaux du haut et par la porte vitrée ouvrant au fond sur la rue Saint-Denis. Comptoir garni de paniers de fruits, de salade, mottes de beurre, mais tout cela est rangé, et la boutique n'est pas ouverte au public.

La scène se passe en juillet 1792.

—

SCÈNE PREMIÈRE.

MADAME AUGEREAU, LOLOTTE, puis JEAN.

(Au lever du rideau, Lolotte est en petit deshabillé, et madame Augereau repasse une robe blanche sur son comptoir.)

MADAME AUGEREAU.

Voilà ta robe repassée, Lolotte... Te décides-tu enfin à t'habiller... l'heure galope, et ton futur va arriver.

LOLOTTE.

Mon futur !

MADAME AUGEREAU.

Ça t'ennuyait d'avoir un grand neveu à ton âge, et pour t'en débarrasser, tu vas en faire ton mari. Comme il était convenable qu'il vînt te prendre dans ta famille, tu es revenue loger chez moi... et à l'occasion de ta noce, j'ai fermé ma boutique aujourd'hui... après ça, on vend si peu à présent... c'est ici comme chez la belle Provençale : on ne met pas plus de beurre dans les épinards que de rubans sur les bonnets. Ah! l'an 92 ne ressemble guère à l'an 90.

JEAN, rentrant en tenue de marié.

Eh bien !... vous n'êtes pas plus prête que ça... encore en déshabillé ! ce soir je ne trouverais pas ça désagréable, au contraire... mais ce matin, c'est incongru, ma petite Lolotte.

LOLOTTE, le repoussant.

Votre petite Lolotte... mais vous me manquez de respect, Monsieur.

JEAN.

Je ne peux pourtant plus vous appeler ma tante, à présent que vous allez être ma femme.

LOLOTTE.

Le mariage n'est pas encore fait, Monsieur.

JEAN.

Non, mais il se fera. Les bans sont publiés... nous avons nos témoins et des fameux... tous dans la garde nationale, M. Augereau, M. Davoust, puis M. Murat et M. Berthier, qui se trouvent être de la connaissance de mademoiselle Miette... Ces Messieurs viendront aujourd'hui à midi. Il n'y a plus à s'en dédire ; donc si vous n'êtes pas encore tout à fait ma femme, vous n'êtes déjà presque plus ma tante, et je peux vous appeler Lolotte. Je peux vous aimer, Lolotte, vous embrasser, Lolotte.

LOLOTTE, se reculant.

Vous avez vos témoins, c'est très-bien, mais moi je n'ai pas mon bonnet, et je ne me marierai pas sans bonnet, je vous en avertis.

SCÈNE II.

LES MÊMES, MIETTE, un petit carton à la main.

Ton bonnet ? je l'apporte, petite.

JEAN.

Ah! il ne vous manque plus rien, et vous pouvez aller vous habiller à c't' heure.

MIETTE.

En venant ici, j'ai vu du monde attroupé à chaque coin de rue et lisant une affiche... Dans tous les groupes on n'entendait que des cris de colère, et on ne distinguait que ces mots : Manifeste !... duc de Brunswick !

JEAN.

Brunswick, je ne connais pas ça.

MADAME AUGEREAU.

Et tu n'as pas lu ces affiches ?

MIETTE.

Impossible d'en approcher...

MADAME AUGEREAU.

Oh! j'en approcherai, moi, et je veux savoir de quoi y retourne encore. (Elle sort en courant.)

JEAN.

Vous aviez bien besoin de venir nous parler de ça... moi qui comptais sur vous pour égayer ma noce avec vos chansons provençales.

MIETTE, soupirant.

Ah! je ne suis plus gaie, petit Jean, et je ne chante plus guère... Je fais comme Paris, je m'attriste; je ne suis plus ce que j'étais il y a deux ans... et puis, voilà plus d'un mois que je n'ai reçu de lettre de Maurice.

JEAN.

De Maurice... Comment... il écrit sans savoir lire?...

MIETTE.

Le brave garçon! pour moi, il a appris tout seul... et il m'écrit... C'est un peu gros... mais ça se lit mieux... Il n'y a pas d'orthographe dans ses lettres, mais que de cœur... que d'amour. Allons, viens t'habiller, Lolotte; il ne faut pas faire attendre tes témoins, et tu sais que monsieur Berthier a bien voulu promettre de te donner la main.

LOLOTTE.

C'est juste, pour ces Messieurs je dois me faire belle... Allons! je vais essayer. (Elle entre à gauche avec Miette.)

SCÈNE III.

JEAN, puis BONIFACE.

JEAN.

Comment! pour eux... eh bien! et pour moi donc? et pour moi... il faut que je rentre dans mes avances... J'ai fait des dépenses folles pour ma tante; j'ai loué un joli petit cinquième rue aux Ours, au nord... même que Boniface, mon garçon d'honneur, s'est chargé de mon emménagement.

BONIFACE, entrant.

Eh bien! pas plus qu' ça d' noce, ici? j'avais peur d'être en retard.

JEAN.

Ma tante s'habille... Ah çà! et mon logement?

BONIFACE.

Le nid est tout prêt; il n'y manque plus que les tourtereaux. Allez-vous bien roucouler là-dedans... C'est pourtant moi qui aurai fait ce mariage-là.

JEAN.

Vous avez trouvé une voiture pour les meubles... et pas trop cher?

BONIFACE.

Une voiture? non... je n'en avais pas sous la main, et plutôt que de courir pour en chercher une, ma foi, j'ai tout mis sur le dos de Charlemagne.

JEAN.

Qu'est-ce que c'est que ça, Charlemagne?

BONIFACE.

Charlemagne? c'est l'hercule de la halle au blé... on n'a jamais vu son pareil; il porterait le dôme des Invalides... si on voulait... il a déjà porté la Bastille.

JEAN.

La Bastille!

BONIFACE.

Oui, qu'on avait taillée en petit dans une pierre énorme que huit hommes ne pouvaient pas même soulever. On parlait de la faire traîner par deux chevaux; Charlemagne est arrivé; il a regardé l'objet et il l'a enlevé comme une plume... L'autre jour il avait parié qu'il étourdirait un bœuf d'un coup de poing.

JEAN.

Il l'a étourdi?

BONIFACE.

Non.

JEAN.

Oh! je disais aussi...

BONIFACE.

Il l'a tué raide, et il prétendait n'avoir pas tapé fort.

JEAN.

Mais on ne devrait pas laisser circuler dans les rues un homme comme celui-là.

BONIFACE.

Il est doux comme un agneau et ne ferait pas de mal à un poulet... il est très-caressant, trop caressant même... Comme il ne connait pas sa force, il ne s'en défie pas... quand il vous serre la main, il vous l'écrase : quand il vous embrasse, il vous étouffe.

JEAN.

Il doit être effrayant à rencontrer.

BONIFACE.

Mais du tout... il n'a pas même de barbe au menton... dans la foule on le prend souvent pour un innocent, pour un jobard, parce qu'il a toujours les mains dans ses poches et l'air bonhomme; alors on le bouscule, on le pousse; il ne se fâche pas, il se secoue seulement, étend les bras tout doucement, et il n'y a plus autour de lui que des gens assis.

JEAN.

Je serais curieux de voir ce gaillard-là... de loin.

BONIFACE.

Ça se trouve bien; vous allez le voir de près; le v'là qui vient pour se faire payer.

SCÈNE IV.

Les mêmes, CHARLEMAGNE, entrant en se dandinant, l'air bénin et les mains dans ses poches.

JEAN.

Comment, c'est ça?

BONIFACE.

Pas davantage.

CHARLEMAGNE, vêtu comme les porteurs de la halle. Il a un énorme gourdin attaché à un des boutons de sa veste.

Tout est porté, monté et cassé.

JEAN.

Cassé !

CHARLEMAGNE, se reprenant.

Casé... la langue m'a tourné. Où est le bourgeois ? et qu'est-ce qu'il paye ?

JEAN, à Boniface.

Il ne doit pas être commode de marchander avec un Samson de cette espèce-là ? (Haut.) Le bourgeois, c'est moi... et je paie un écu, ça vous va-t-il ?

CHARLEMAGNE.

Topez-là, bourgeois, (Il lui tend la main.) que je vous donne quittance.

JEAN, lui donnant la main.

Il a l'air bon enfant.

BONIFACE, à part.

Oh ! il va être pincé...

CHARLEMAGNE, lui serrant la main.

Tenez... vous m'allez, bourgeois.

JEAN.

Oh ! là ! là !...

BONIFACE, à part.

Il est pincé.

CHARLEMAGNE, serrant toujours.

Et vous pouvez compter sur moi.

JEAN, criant.

Ah ! ah !

CHARLEMAGNE, le lâchant.

Qu'est-ce que vous avez ?

JEAN.

Crédié ! quelle poigne ! (Il étend ses doigts.)

CHARLEMAGNE.

Ah ! bourgeois, je vous engage à ne pas faire de bail dans votre maison : elle ne tient à rien. Figurez-vous qu'un locataire, votre voisin, ayant perdu sa clé, se trouvait dehors, et ça le contrariait, cet homme. Je lui propose de pousser un peu sa porte ; il accepte ; je pousse... pas fort du tout...

JEAN.

Et la porte tombe ?

CHARLEMAGNE.

Non ; c'est le mur qui est tombé.

JEAN.

Le mur !! Ça n'est pas un homme... c'est un éléphant.

BONIFACE.

Ah ! avez-vous pensé au repas de noces ?

JEAN.

Non.

BONIFACE.

Farceur!... Je vais commander le festin chez le père Lavigne.

JEAN.

Pas de folies, Boniface; vous savez... quand il y en a pour deux, on en fait pour quatre.

BONIFACE.

Combien serons-nous?

JEAN.

Dix ou douze; pas davantage.

BONIFACE, à part.

Je vais commander pour dix-huit.

CHARLEMAGNE.

Vous n'avez plus rien à faire porter, bourgeois?

JEAN, reculant.

Non, merci.

CHARLEMAGNE, prenant son bâton.

Je vas donc m'en aller la canne à la main.

JEAN.

Vous appelez ça une canne... mais c'est une bûche.

BONIFACE.

Je vas chez le père Lavigne... et il faut bien que ce soit pour un repas de noce; car je ne tiens plus sur mes jambes.

CHARLEMAGNE.

Veux-tu que je te porte, tapin.

BONIFACE, effrayé.

Non pas... Il me casserait. (Au moment de sortir, il s'arrête.) Dites donc, Jean, voilà un de vos témoins, M. Murat, avec deux individus que je ne connais pas.

JEAN, qui est allé voir.

Mais ces deux individus, je les connais, moi; l'un, c'est Maurice Léonard, et l'autre c'est monsieur le marquis de la Rozerie.

CHARLEMAGNE.

Un marquis chez une fruitière...

JEAN.

Il faut appeler Miette... tout de suite. Va-t-elle être contente. (Allant à la porte de la chambre.) Ohé! Miette... eh vite! vite! v'là quelqu'un pour vous.

MIETTE, paraissant.

Quelqu'un pour moi?...

JEAN.

Oui; une surprise.

MIETTE.

Quelle surprise?

JEAN.

Et tenez, regardez, la voilà! (Il montre Maurice et le marquis qui sont entrés, conduits par Murat.)

MURAT.

Voici la maison et la femme que vous cherchez.

MAURICE.

Miette!

MIETTE, lui sautant au cou.

Maurice!

JEAN, à Boniface.

Voilà une visite qui nous donne du temps; je vas commander le repas moi-même. A tout à l'heure, monsieur Murat, à tout à l'heure. (Il sort avec Boniface et Charlemagne.)

SCÈNE V.

MIETTE, MAURICE, MURAT, GASTON.

MIETTE.

Vous me pardonnerez, monsieur le marquis; mais Maurice, c'est mon ami... Madame la comtesse... mademoiselle Armande vont bien?

GASTON.

Je les ai laissées à la Rozerie... bien tristes, bien inquiètes, Armande surtout... Armande que j'aime et que j'ai dû quitter... pour ne plus la revoir peut-être.

MIETTE.

Que dites-vous là?

GASTON.

Je suis venu à Paris pour donner à mon roi jusqu'à la dernière goutte de mon sang; si ce sang peut être utile à sa cause.

MAURICE, à Miette.

En débarquant à Paris, nous étions tout d'abord allés chez vous, Miette... mais, en route, nous avons rencontré Monsieur, qui m'a reconnu, quoiqu'il ne m'ait vu qu'une fois, et il y a longtemps; il s'est douté que si j'étais à Paris, c'était pour vous; alors, il nous a tout de suite abordés, puis amenés ici.

GASTON, à Murat.

Et vous croyez que le commissionnaire à qui j'ai donné mon billet à porter s'acquittera fidèlement de son message?

MURAT.

Je vous en réponds... et monsieur Berthier ne se fera pas attendre.

GASTON.

Je voudrais pouvoir écrire à ma chère Armande, lui faire savoir que ce voyage qui l'effrayait tant s'est accompli sans encombre; que nous sommes arrivés et près de toi, mon enfant!

MIETTE.

Rien de plus facile, monsieur le marquis... Là, dans cette chambre, vous trouverez tout ce qu'il faut pour écrire... Par ici, monsieur le marquis.... par ici.... (Elle le fait entrer à gauche.) On vous préviendra dès que monsieur Berthier sera venu.

SCÈNE VI.

MIETTE, MURAT, MAURICE.

MURAT.

Je m'étonne, vraiment, de vous avoir reconnu... Vous êtes changé, savez-vous!

MIETTE.

C'est vrai! que tu n'es plus le même... je t'aime mieux comme ça qu'avec tes longs cheveux qui te cachaient la figure... Eh! c'est qu'elle est bonne à voir cette figure!

MURAT.

Vous savez que j'ai tenu ma promesse. J'ai fait votre déclaration à mademoiselle Miette... j'ai même pris pour vous un baiser... qu'on vous doit, mon garçon.

MAURICE.

Un baiser!

MIETTE.

Oh! viens le prendre, Maurice! (Elle l'embrasse.) J'ai retrouvé toute ma belle humeur... mais tu as l'air si triste, toi... tu n'es donc pas joyeux de me revoir.

MAURICE.

Voilà deux ans que je priais Notre-Dame de m'accorder ce bonheur-là.

MIETTE.

Ah çà! tu viens à Paris pour y demeurer, n'est-ce pas?...

MAURICE.

Rester à Paris!... non... Sans monsieur le marquis, je n'aurais pas pu y venir... C'est mademoiselle Armande qui a exigé que je fusse du voyage... sans ça, tous les gas du pays voulaient m'emmener.

MIETTE.

Où ça?

MAURICE.

Dans le Bocage... où ils se sont réfugiés.

MIETTE.

Dans le Bocage... Et que font-ils là?

MAURICE.

Ils se cachent pour ne pas être pris par la réquisition.

MURAT.

Hein?

MAURICE.

On a voulu faire une levée chez nous; mais, comme c'était contre le roi qu'on les aurait fait marcher, les gas se sont enfuis dans les bois... Il ne reste plus dans les paroisses que les femmes et les vieux.

MURAT.

On vous a menti... ce n'est pas contre le roi... c'est contre l'étranger qu'on voulait vous donner des armes... Jeune et taillé comme vous êtes... est-ce que vous auriez peur?

MIETTE.

Peur! lui! Maurice!

MURAT.

Vous ne savez donc pas que la guerre est déclarée?

MAURICE.

Ça n'est pas au roi qu'on la fait?

MURAT.

C'est à la France.

MAURICE.

C'est aux ennemis du roi... et nous ne sommes pas de ceux-là, nous.

MURAT.

Voilà donc comme on vous trompe, comme on vous égare... Eh bien! cachez-vous, pauvres abusés que vous êtes. . Nous, qui sommes du parti de la France d'abord, nous irons nous battre et nous faire tuer jusqu'au dernier... pour que les Prussiens ne viennent pas brûler vos chaumières... déshonorer vos sœurs et vos femmes.

MIETTE, à Maurice qui reste calme.

Tu ne comprends donc pas, Maurice?.. Ah! (A Murat.) il ne sait pas, le pauvre garçon, voyez-vous, il ne sait pas... (A Maurice.) Écoute, Maurice... je n'ai pas appris à déguiser ce que je pense.... et mon cœur parle toujours tout haut... Je t'aime, Maurice.

MAURICE.

Tu m'aimes, toi... toi, Miette?...

MIETTE.

Oui... je t'aime... je serai ta femme ou je ne serai la femme de personne... mais je ne veux pas d'un mari qui se cache... quand les braves se montrent. Si j'étais un homme... moi... je n'irais pas me réfugier dans les bois avec les gas du Maine... Non!.. je ne serais pas avec ceux-là... qui désertent la plus sainte de toutes les causes, la cause de la patrie.... je serais avec ceux qui vont courir à la frontière... Je suis une femme, et je dis en pleurant : Dieu garde le roi !.. Si j'étais un homme, je crierais... en prenant un fusil... Dieu sauve la France!

SCÈNE VII.

LES MÊMES, BERTHIER.

BERTHIER, qui a entendu les derniers mots.

Bien dit, mon enfant.... ce cri qui était dans votre cœur sort à présent de toutes les bouches. L'ennemi est à nos portes, et tout Paris court aux armes... Quelques instants plus tard, cette lettre de monsieur le marquis de la Rozerie n'aurait pu me parvenir... Dans une heure, j'aurai quitté la ville.

MURAT.

Vous êtes des nôtres, mon commandant?

BERTHIER.

Certes!

MIETTE.

Monsieur le marquis est là dans cette petite salle.

BERTHIER.

Je pourrai lui presser la main encore une fois. (Il entre. — En ce moment on entend le canon.)

SCÈNE VIII.

LES MÊMES, moins BERTHIER, puis AUGEREAU et
MADAME AUGEREAU.

MIETTE.

Qu'est-ce que c'est que ça?

AUGEREAU, entrant avec sa mère sous le bras.

C'est la France qui a pris sa plus grosse voix pour crier : Enfants! la patrie est en danger!.. Ne vous désolez pas, la mère; je vous ai expliqué la chose, et vous avez compris que ma place n'était plus sur le pavé de Paris.

MADAME AUGEREAU.

Quand tu ne seras plus là, je pleurerai toutes les larmes de mon corps; et pourtant, moi, ta mère, je te dis : Pars! mon garçon! pars comme les autres! mais tâche de revenir surtout... Je te vas faire ton petit paquet, et j'y mettrai tout l'argent que j'ai dans la maison.

AUGEREAU.

Bonne idée que vous avez là... mais dépêchez-vous: les autres vont venir me prendre. (Madame Augereau entre chez elle.)

MURAT.

Le décret est donc rendu?

AUGEREAU.

Oui... Les séances de l'assemblée sont déclarées permanentes, toute la garde nationale est en mouvement; on enrôle sur les quais, sur les places ; quinze mille hommes se sont déjà fait inscrire depuis ce matin, et je suis de ces quinze mille-là.

MURAT.

Moi aussi.

MIETTE.

Tu les entends, Maurice? (Il reste immobile.)

SCÈNE IX.

LES MÊMES, BESSIÈRES, GOUVION, puis BONIFACE, BARNABÉ,
CHARLEMAGNE, GARDES NATIONAUX, BOURGEOIS, OUVRIERS.

GOUVION, à Augereau.

Nous voilà... et tu vois, nous avons fait boule de neige en route.

BESSIÈRES.

Toute ma section part.

GOUVION.

On annonce que la garde nationale de Paris fournira, à elle seule, quarante-huit mille hommes à l'armée de Kellermann.

BONIFACE, entrant.

Quarante-huit mille hommes... et on n'a pas compté les tambours... Citoyens, je vous amène deux recrues... un petit et un fort... Barnabé et Charlemagne!

CHARLEMAGNE.

Je vas avec toi, tapin... vu que tu m'as dit qu'il y aurait quelque chose à porter là-bas.

BONIFACE.

On prétend qu'on manque de chevaux pour traîner les canons... tu les porteras.

CHARLEMAGNE.

Ça me va.

BARNABÉ.

Part à deux, Charlemagne; tu porteras la pièce, moi je porterai la mèche.

GOUVION, frappant sur l'épaule de Maurice.

Et ce brave garçon-là, est-il des nôtres aussi?

MAURICE, hésitant.

Moi!...

MIETTE, vivement.

J'en suis, moi!

TOUS.

Vous!

MURAT.

Mais les femmes ne se battent pas.

MIETTE.

Non... mais elles encouragent ceux qui vont se battre... Oh! vous n'avez pas besoin de cela, vous autres... mais il peut s'en trouver là-bas qui hésitent. Puis celle qui vous versera la goutte qui réchauffe le matin, qui réconforte le soir... celle-là s'appelle la vivandière... Celle qui panse les blessés... qui va les chercher jusque sous le feu de l'ennemi, celle-là, c'est l'amie du soldat. Pour la défense du pays vous quittez vos sœurs et vos mères... Eh bien! je les remplacerai, moi... je serai votre sœur à tous, je serai votre mère!

GOUVION.

Pourquoi pas la femme de l'un de nous?

MIETTE, regardant Maurice.

Je ne promets rien; mais le premier de vous qui prendra un drapeau... oh! celui-là aura des chances.

MAURICE, jetant son chapeau.

Celui-là, ça sera moi.

MIETTE.

Ah! je savais bien que tu n'avais pas peur. (Elle l'embrasse. — Bruit de tambours battant une marche.)

AUGEREAU.

Voilà la première colonne de volontaires qui se met en marche. (Il embrasse sa mère qui lui apporte son paquet.)

BERTHIER, sortant de la petite salle avec Gaston.

Vous entendez... je pars.

GASTON.

Noblesse oblige... le roi est en danger... je reste à Paris.

AUGEREAU.

Volontaires de 92! en avant! (Tous les volontaires se mettent en marche.)

Acte deuxième. — Deuxième tableau.

LA BATAILLE DE VALMY.

Le plateau et le moulin de Valmy. — Au premier plan, à gauche du public, la maison du meunier.

Au changement, on entend le bruit des canons et quelques coups de fusil isolés annonçaut un feu de tirailleurs. — Sur le plateau on ne voit qu'un officier examinant les positions, et un maréchal-des-logis l'accompagnant comme ordonnance.

La scène se passe le 20 septembre 1792, à Valmy.

—

SCÈNE PREMIÈRE.

DAVOUST, MICHEL NEY.

(Quelques coups de fusil partent de la cantonade à droite.)

NEY.

Pardieu! commandant, nous avons de la chance, j'ai trois balles dans mon kolbach, et un biscaïen vient de vous emporter votre plumet. Je crois que nous avons vu les choses d'assez près... et à moins de nous aller mettre à la bouche des canons prussiens...

DAVOUST, regardant toujours.

Le général Kellermann m'a chargé d'aller reconnaître les positions de l'ennemi. J'ai la vue très-basse, et pour me rendre bien compte des mouvements de l'armée du duc de Brunswick, je dois y regarder de très-près et à deux fois. Vous pouvez vous tenir à distance si vous voulez... je n'ai pas encore suffisamment examiné le terrain. (Il s'avance encore.)

NEY, le suivant.

Oh! faites, mon commandant, et même si ça vous fatigue de tenir cette grande lunette-là, vous pouvez l'appuyer sur mon épaule. (Il se place devant lui.)

DAVOUST.

Vous vous placez devant moi, mon ami.

NEY.

Je ne vous empêche pas de voir, n'est-ce pas?

DAVOUST.

Non... mais vous vous exposez.

NEY.

Je vois le feu pour la première fois, et en le voyant de plus près, je m'y ferai plus vite. (Coup de canon.) Bon! voilà un boulet qui nous était destiné.

DAVOUST.

Retirez-vous... je le veux...

NEY.

L'armée ne manquera pas de maréchaux-des-logis comme moi, et elle n'a pas trop de bons officiers comme vous, mon commandant. (Coup de canon.)

DAVOUST.

Encore un boulet!

NEY.

Il est allé se loger dans le moulin. Il me semble, commandant, qu'une batterie française ne serait pas mal sur ce plateau; on pourrait au moins répondre à ces Messieurs, qui deviennent très-bavards.

DAVOUST.

C'est en effet sur ce point que le général dirige ses forces; c'est au moulin de Valmy qu'il compte s'établir... mais il faut d'abord déloger les artilleurs prussiens qui sont à portée. Allez dire au chef de bataillon Jourdan et au capitaine Mortier de venir occuper ce plateau avec leurs volontaires de la Haute-Vienne et du Nord... Dites au lieutenant Foy de faire avancer quelques pièces.

NEY.

Oui, commandant. (Il sort par la gauche.)

DAVOUST, seul.

Cette masure abandonnée par le meunier pourra servir d'abri au général... on en fera au besoin une ambulance. (Le mouvement commandé par Berthier s'exécute. Deux bataillons de volontaires entrent en ligne.)

SCÈNE II.

LES MÊMES, OUDINOT, MORTIER, FOY, VICTOR, SOLDATS,
ET ARTILLEURS.

DAVOUST.

Commandant Oudinot, capitaine Mortier, envoyez une partie de vos hommes en tirailleurs pour écarter d'ici les tirailleurs prussiens.

OUDINOT.

Ah! la partie va commencer, enfin... Capitaine Mortier, choisissez vos meilleurs tireurs. (Mortier désigne les hommes.)

MORTIER, prenant un fusil.

En avant! (Il sort avec les tirailleurs. A ce moment le lieutenant Foy arrive avec deux pièces attelées.)

DAVOUST.

Lieutenant, faites taire cette batterie qui nous empêche de nous entendre ici. (On met les deux pièces en batterie, on pointe et on tire.)

TOUS.

Bravo!

NEY.

Du premier coup voilà deux pièces démontées là-bas.

DAVOUST.

Quel est l'artilleur qui a pointé la pièce qui vient de tirer?

L'ARTILLEUR, s'avançant.

C'est moi, commandant.

DAVOUST.

Bien visé! comment t'appelles-tu?

L'ARTILLEUR.

Claude Perrin, dit Victor, ex-artilleur au régiment de Grenoble et volontaire de Paris.

DAVOUST.

Victor! ce nom-là, te portera bonheur, mon garçon!

NEY.

Attention, voici le général.

OUDINOT.

A vos rangs!... Portez armes! (On bat aux champs à la cantonade de gauche. Kellermann paraît à cheval, suivi de deux aides-de-camp.)

SCÈNE III.

LES MÊMES, KELLERMANN, AIDES-DE-CAMP.

KELLERMANN, descendant de cheval.

Eh bien! commandant, votre rapport?

DAVOUST.

Général, les Prussiens, débouchant par le grand pré, gravissent les hauteurs dites de la Lune et qui commandent la route de Châlons. Leur but est évidemment d'intercepter cette route et de se placer ainsi entre nous et Paris.

KELLERMANN.

Mon avant-garde occupera cette route avant eux. (Regardant le plateau.) Cette position me semble bonne.

DAVOUST.

Oui... si elle n'était pas commandée elle-même par les hauteurs de Gizaucourt...

KELLERMANN.

J'ai donné l'ordre de s'emparer de Gizaucourt et de s'y établir solidement.

DAVOUST.

Si j'ai bien apprécié les mouvements de l'ennemi, c'est contre Gizaucourt qu'il tentera sa plus sérieuse attaque.

KELLERMANN.

Commandant Oudinot, prenez avec vous les bataillons de la Meuse, de l'Yonne et de la Moselle; (Il écrit.) donnez cet ordre au général Valence qui vous fera soutenir par ses carabiniers, et allez en toute hâte appuyer le mouvement du colonel Tolozan, qui doit à cette heure occuper le village de Gizaucourt. (Oudinot sort vivement.)

DAVOUST.

Si nous n'arrêtons pas les Prussiens, si nous ne les battons pas ici... ils marcheront droit sur Paris.

KELLERMANN.

Ce que Dumouriez a su faire au défilé de l'Argonne, nous le ferons à Valmy... n'est-ce pas, mes enfants.

TOUS.

Oui... oui... (Bruit à la cantonade de gauche.)

NEY, qui est allé voir.

Nos grand' gardes signalent une troupe considérable arrivant à nous par la route de Paris.

DAVOUST.

Aurions-nous été tournés?

KELLERMANN.

A cheval! Messieurs, à cheval! (Mouvement. — A gauche, cris et acclamations.)

CRIS.

Vive la nation!... (A ce moment, Bernadotte, avec les épaulettes d'adjudant-major, accourt.)

KELLERMANN.

Eh bien! major Bernadotte, que se passe-t-il donc?

BERNADOTTE.

Général! le corps signalé est un détachement de volontaires parisiens, conduit par l'adjudant général Berthier.

SCÈNE III.

Les mêmes, BERTHIER, couvert de poussière.

BERTHIER.

Général... Paris vous envoie toute une armée de volontaires. — J'ai été le guide et non le chef de ces braves gens... Quand le canon s'est fait entendre... ils n'avaient tous qu'une crainte, c'était celle de ne pas arriver assez tôt pour prendre leur part de vos dangers et de votre gloire; ils m'ont chargé de vous demander pour eux la première place au feu.

KELLERMANN.

Faites avancer vos bataillons de volontaires, monsieur l'adjudant général, qu'ils se forment en ligne.

BERTHIER.

Mon général, je vous amène des hommes braves et forts, mais qui n'ont pas appris leur métier de soldat... ils ne savent peut-être point marcher au pas, mais ils sauront courir à l'ennemi.

KELLERMANN.

Soldats ! recevez, avec les honneurs militaires, les frères que la patrie nous envoie.

BERNADOTTE.

A vos rangs... Portez armes !...

(Les troupes se sont mises en haie et au port d'arme. Kellermann est monté à cheval pour recevoir les volontaires parisiens qui arrivent tambours en tête, et chantant leur *Chant du Départ* ; ils sont vêtus diversement et à peine armés. Parmi les volontaires, on distingue Murat, Augereau, Gouvion, Maurice, Boniface, Charlemagne, Barnabé. — Ils entrent et sont accueillis au cri de : *Vive la nation.*

SCÈNE V.

KELLERMANN, BERTHIER, DAVOUST, MURAT, AUGEREAU, GOUVION, MAURICE, NEY, CHARLEMAGNE, BONIFACE, BARNABÉ, Officiers, Soldats et Volontaires, puis OUDINOT.
(On entend une vive canonade.)

KELLERMANN, à Davoust.

L'action est engagée à Gizaucourt. (à Berthier.) Vous m'avez amené là de braves gens, mais de pauvres soldats qui feront, je crois, plus bruit que de besogne.

OUDINOT, blessé.

Général, le régiment du général Tolozan, écrasé sous des forces supérieures, a dû évacuer Gizaucourt... Ses soldats, poursuivis par la cavalerie prussienne, se sont précipités vers nous et ont mis le désordre dans nos rangs... Le général Valence et ses carabiniers soutiennent le choc, mais s'ils ne sont pas secourus, ils succomberont sous le nombre de leurs ennemis.

DAVOUST.

Gizaucourt pris, la bataille est perdue... mais on peut le reprendre encore,

AUGEREAU.

Et on le reprendra... Général, vous nous avez promis la première place au feu...

KELLERMANN.

Mais vous ne savez pas vous battre, mes enfants.

AUGEREAU.

Nous saurons vaincre et mourir ! Criez en avant, général... et vous verrez jusqu'où nous irons.

KELLERMANN.

Enfants, je ne vous demande que de me suivre... (Élevant son chapeau et tirant son sabre.) En avant ! (Le cri est répété par les volontaires qui s'élancent à la suite de Kellermann.

SCÈNE VI.

DAVOUST, FOY, OUDINOT, NEY, SOLDATS ET ARTILLEURS, puis
KELLERMANN, et tous les personnages du tableau.

DAVOUST.

Commandant Oudinot, vous êtes blessé... votre sang coule...
entrez à l'ambulance.

OUDINOT.

A l'ambulance, pour une égratignure... J'en verrai bien
d'autres, j'espère, et je crois que nous allons avoir à faire de notre
côté...

DAVOUST.

Oui, la cavalerie prussienne a renversé la ligne de nos tirailleurs... Artilleurs à vos pièces!...

(Un feu d'artillerie s'engage, des tirailleurs français arrivent en désordre, mais Oudinot reforme leurs rangs à l'abri de l'artillerie qui
les protége; les hussards prussiens s'élancent sur le plateau et
sabrent les artilleurs qui, un moment, abandonnent leurs pièces.)

DAVOUST.

Volontaires du-nord! laisserez-vous emmener nos canons?...
A la baïonnette! mes enfants, à la baïonnette!...

(Dans un mouvement général, les cavaliers sont repoussés; le plateau
est un moment désert; six soldats prussiens reviennent de la droite
et, voyant un canon abandonné, s'attèlent à la pièce et veulent l'emmener, mais Charlemagne arrive avec Boniface.)

BONIFACE.

De quoi? de quoi? c'est à nous ce joujou-là...

CHARLEMAGNE.

Appelle les autres, tapin... je ne laisserai rien emporter...

(Et s'attelant derrière la pièce, il entraîne à la fois et le canon et les
six hommes qui le tiraient dans l'autre sens et qui sont ainsi forcés
d'aller à reculons. D'autres soldats prussiens arrivent alors et vont
s'emparer de Boniface qui tape toujours sur sa caisse; ils vont
aussi tirer sur Charlemagne, Murat s'élance sur eux et les met en
désordre.)

MURAT.

Ah! voilà un beau cheval... A moi! les volontaires de 92! à
moi!...

(Il s'élance sur un officier prussien à cheval et disparaît avec lui; de
tous côtés les volontaires arrivent, reprennent les pièces, font des
prisonniers. Murat revient bientôt, monté sur le cheval de l'officier
prussien qu'il a fait prisonnier. — Charlemagne ramène sa pièce
qu'il tire à lui tout seul. — Maurice, blessé au front, tient un drapeau prussien.)

CHARLEMAGNE.

J'ai ma pièce.

MURAT.

J'ai mon cheval.

MAURICE.

J'ai mon drapeau.

MURAT.

Bravo! Maurice! tu vas nous quitter alors.

MAURICE.

Oh! non! j'ai senti la poudre, j'aime la guerre, à présent; je reste... Vive la nation!

TOUS.

Vive la nation!... (Kellermann, à cheval, revient suivi de tous ses officiers.)

KELLERMANN.

Les Prussiens sont en retraite sur tous les points. Volontaires, vous avez bien mérité de la patrie.

(Acclamations.)

Acte troisième. — Premier tableau.

LA PRISE D'ARMES.

Le carrefour de Sainte-Marie. — Une clairière. — Quand le rideau de manœuvre se lève on aperçoit des groupes de paysans formés autour de Jean Cottereau, dit le Chouan qui, monté sur un tronc d'arbre, semble haranguer cette foule. Des paysans sont placés comme en sentinelle à l'entrée de chaque route.

—

SCÈNE PREMIÈRE.

JEAN, PILLE-MICHE, Paysans.

PILLE-MICHE.

Silence, vous autres!..... écoutons Jean Cottereau, dit le Chouan; il nous apporte des nouvelles... (A Jean.) Va, mon gas, on a placé des guetteurs à la lisière du bois, et si les nationaux du Mans venaient pour faire une fouille dans le bois, nous serions avertis et nous pourrions regagner nos cachettes. A présent, qué que t'as vu, qué que t'as appris?

JEAN COTTEREAU.

J'ai à vous dire que pendant que nous nous cachons comme des taupes, les gas de l'Anjou se battent comme des lions... A Saint-Florent, Cathelineau, un voiturier, a soulevé toute sa paroisse. Stofflet, un garde-chasse, s'est joint à Cathelineau. Ils ont bravement attaqué les bleus, et ont pris d'assaut la ville de Cholet. (Mouvement, on se rapproche de Cottereau.) Dans la Vendée, on se soulève et l'insurrection s'étend à présent depuis Nantes jusqu'aux Sables. Alors j'ai parlé à tous les chefs de paroisse des environs, je leur ai appris ce qui se passait autour de nous; je leur ai donné rendez-vous au carrefour Sainte-Marie, et à présent, je vous dis: Mes gas, ce que font les autres là-bas, nous le ferons ici.

TOUS.

Oui! oui!

UN GUETTEUR.

Attention!... on vient à nous!... (*Mouvement.*)

COTTEREAU, qui est allé voir.

Ce sont les chefs de paroisse... Je reconnais ceux de Grand-champs, des Oseraies, de Laboissière et de Beaupré; pas de crainte... ce sont des frères qui viennent à nous. (Les groupes de paysans arrivent de différents côtés.)

COTTEREAU.

Où donc sont les gas du Grand-Chêne?

SCÈNE II.

LES MÊMES, LÉONARD, suivi de quelques paysans.

LÉONARD.

Tu les appelais au nom de notre cause, tu ne devais pas douter d'eux...

COTTEREAU.

Je ne vois pas ton fils, Léonard.

LÉONARD.

Maurice?... Maurice est perdu pour nous!...

TOUS.

Mort!

LÉONARD.

Plût au ciel que j'eusse à le pleurer au lieu d'avoir à rougir de lui! Maurice nous a trahis! Maurice a déshonoré mon nom! Maurice est dans les rangs des bleus! (Mouvement.) il combat sous leur drapeau... lui!... et pour l'amour d'une femme.

COTTEREAU.

Pour Miette, n'est-ce pas?

LÉONARD.

Oui, pour cette misérable qui m'a fait maudire mon enfant! pour elle!... que je tuerais, si je la tenais là au bout de mon fusil!... Mais c'est trop vous parler de mon malheur, de ma honte: ce malheur, cette honte, je les rachèterai, je vous le jure, au prix de mon sang versé jusqu'à la dernière goutte.

COTTEREAU.

Ce qu'il nous faut à présent c'est un chef... et déjà vous l'avez tous désigné, n'est-ce pas?... ce chef, ce sera Léonard.

TOUS.

Oui!... oui!... Léonard.

LÉONARD.

Non, mes amis, je ne suis qu'un paysan, moi! puis je suis vieux, et je ne saurais que mourir... il faut savoir vaincre! Ce chef qui vous manque, la Providence nous l'a envoyé et je vous l'amène.

COTTEREAU.

Qui donc?

LÉONARD.

Le marquis de La Rozerie!

TOUS.

Le marquis!

COTTEREAU.

On l'avait dit tué dans la journée du 10 août!...

LÉONARD.

Blessé seulement, il avait été jeté dans les cachots de l'Abbaye. Sauvé par miracle lors du massacre des prisons; caché par les soins d'un protecteur inconnu, il a pu sortir enfin de Paris, et, à travers mille périls, il a gagné notre pays. Extenué de fatigue, il s'est arrêté à ma ferme avant d'aller au château de La Rozerie.

TOUS.

Au château!

LÉONARD.

Je lui ai laissé ignorer ce qui s'y était passé... c'est ici qu'on le lui apprendra. (Bruit au dehors.) Suzon nous l'amène... c'est lui que le guetteur nous signale...

SCÈNE III.

LES MÊMES, GASTON, SUZON.

GASTON.

Où donc m'a-t-on conduit, Léonard?

LÉONARD.

Pardonnez-moi, Monseigneur, si je vous rappelle ce que vous disiez à ma ferme, il y a trois ans : Un temps viendra peut-être où il ne devra plus rester au fourreau une seule épée de gentilhomme. Ce temps-là est venu, Monseigneur.

GASTON.

Léonard, je croyais à cette époque que la lutte serait possible. Aujourd'hui, ce que vous voulez entreprendre, ce serait la guerre civile: la plus sanglante, la plus horrible de toutes les guerres.

COTTEREAU.

Noblesse oblige, Monseigneur! marchez à notre tête, demain nous attaquons la ville du Mans, et peut-être arriverons-nous assez à temps pour sauver les victimes vouées à l'échafaud révolutionnaire... En voulez-vous voir la liste, Monseigneur?... on la distribuait ce matin dans la ville... Voyez!

LÉONARD, bas.

Que fais-tu?

COTTEREAU.

Il hésitait.

GASTON, lisant des yeux.

Ils ne respectent rien... ni les noms illustres et purs, ni les ministres de Dieu!...

COTTEREAU, appuyant.

Ni les femmes.

GASTON.

Ah! qu'ai-je lu?...

COTTEREAU.

Madame de Versac!... mademoiselle Armande!...

GASTON.

Armande!... ma bien-aimée! ma femme!...

LÉONARD.

Arrachées, il y a huit jours, de votre château, elles seront traînées devant ce tribunal de sang qui ne juge jamais et qui condamne toujours.

GASTON.

Ah! des armes! des armes!

COTTEREAU.

Nous en avons...

GASTON.

Eh bien donc! mieux vaut la mort sur un champ de bataille que sur un infâme échafaud!... La guerre, mes amis, la guerre!...

TOUS.

La guerre!... (Sortie générale et de différents côtés.)

SCÈNE IV.

MIETTE, COQUIN.

(Quand tout le monde est parti, Miette paraît au premier plan à droite, et passe d'abord sa tête, puis s'avance quand elle s'est assurée qu'il n'y a plus personne dans la clairière.)

MIETTE.

Avance donc... tu vois bien qu'il n'y a plus personne.

COQUIN, se montrant.

En êtes-vous bien sûre?

MIETTE.

Regarde toi-même...

COQUIN.

Écoutez donc, vous me faites prendre par ce bois qui devait être désert, disiez-vous, et il se trouve qu'il y a plus d'hommes que d'arbres dans votre bois désert... et j'ai peur des rencontres... on en fait si peu de bonnes.

MIETTE.

Allons, continuons notre route.

COQUIN.

Merci!... nous marchons depuis ce matin, et nous sommes encore à plus de deux lieues de la Rozerie... Charlotte m'a bien recommandé d'avoir soin de vous... Je suis très-fatigué, vous allez me faire le plaisir de vous reposer... nous laisserons comme ça aux gens qui étaient ici tout à l'heure le temps de s'éloigner.

MIETTE.

Eh bien ! arrêtons-nous donc, mais quelques minutes seulement.

COQUIN, s'asseyant à terre.

C'est ça !... Tenez, on n'est pas trop mal sur cette vieille souche... (Miette s'assied aussi.)

MIETTE.

Ma pauvre sœur m'attend ! en recevant sa lettre, je n'ai plus songé qu'à elle, et j'ai laissé Maurice partir seul... Maurice... qu'est-il devenu ?... (Se levant.) J'ai entendu marcher dans le bois... et vite... vite, Jean... il faut partir...

COQUIN.

Il y a du danger?... filons!... mais par où?... je vois du monde de tous les côtés... C'est une fourmilière que votre petit bois.

MIETTE.

Rassure-toi... je ne vois que des femmes.

COQUIN.

C'est ma foi vrai... et elles ont toutes un fagot sur l'épaule.

MIETTE.

Je ne me trompe pas, c'est la mère Cottereau.

COQUIN.

Oui... et elle a aussi son fagot, la vieille.

MIETTE.

Par elle je vais savoir...

SCÈNE V.

COQUIN, MIETTE, LA MÈRE COTTEREAU, SUZON, PAYSANNES,
portant chacune un petit fagot.

LA MÈRE COTTEREAU, aux femmes.

Elle était bonne mon idée, n'est-ce pas, fillettes?

SUZON.

Oui dà! vrai, la mère, les nationaux que-nous avons rencontrés sur la route n'y ont vu que du bois !

LA MÈRE COTTEREAU.

Retiens ta langue, Suzon... il y a des étrangers ici.

MIETTE.

Des étrangers?

COQUIN.

Dites donc des amis!

MIETTE.

C'est moi... Miette !

TOUS.

Miette !

SUZON, laissant tomber son fagot sur le pied de Coquin.

C'est-y Dieu vrai !

COQUIN.

Oh ! là ! là ! Crédié... est-y lourd ton fagot... de quel diable de bois est-y donc fait?... (Il le relève.) Mais il y un fusil dans ton fagot.

SUZON.

Chut! il y en a un dans chaque bourrée.

LA MÈRE COTTEREAU.

Miette! tu oses revenir dans le pays?

MIETTE.

Sans doute... je vais au château de la Rozerie.

TOUTES.

Au château !

LE MÈRE COTTEREAU.

Et qui comptes-tu donc y trouver ?

MIETTE.

Mademoiselle Armande, ma sœur.

LA MÈRE COTTEREAU.

Le château est brûlé !

MIETTE.

Brûlé !

SUZON.

Démoli... on n'y a pas laissé pierre sur pierre.

MIETTE.

Qui donc a fait cela?

LA MÈRE COTTEREAU.

Tes amis, les bleus.

MIETTE.

Et Armande, ma sœur?

SUZON.

Enlevée avec sa mère... conduite au Mans...

LA MÈRE COTTEREAU.

Pour y être égorgée, sans doute!

MIETTE.

Ah !... Qui a fait cela, encore?

LA MÈRE COTTEREAU.

Tes amis... les bleus...

MIETTE.

Non... c'est impossible !...

LA MÈRE COTTEREAU.

Impossible!... (Ramassant la liste que Gaston a laissée à terre.) Tiens, lis donc, toi qui sais lire, c'te liste que mon fils a rapportée de la ville... Oh! c'est bien ça... j'ai reconnu l'image rouge.

MIETTE.

Non... ils ne la tueront pas... je la sauverai... ou je mourrai avec elle...

SUZON, voulant la retenir.

Miette!!!

SCÈNE VI.

LES MÊMES, LÉONARD.

LÉONARD, un fusil à la main.

Miette! elle est ici? elle!... Malheureuse, tu viens donc pour recevoir ton châtiment...

SUZON.

Père Léonard!

LÉONARD, repoussant Suzon et allant à Miette.

Réponds-moi! Qu'as-tu fait de Maurice?

MIETTE.

Léonard... ne me retenez pas...

LÉONARD.

Qu'as-tu fait de Maurice?

MIETTE.

Mais vous ne savez donc pas qu'on va tuer ma sœur... et que seule, entendez-vous, seule... je peux la sauver... (Baisant la lettre, à part.) Oh! oui... avec ça je la sauverai.

LÉONARD.

Toi... mauvais génie de perdition... tu l'as livrée peut-être?

MIETTE.

Oh!

LÉONARD.

Est-ce que tu ne leur as pas déjà livré Maurice?... est-ce que par toi, il n'est pas à présent, traître, maudit et damné... Fille d'enfer! à genoux!... tu vas mourir!... (Il la menace de son fusil. — Cri et mouvement général des femmes.) Ah!...

MIETTE.

Merci, Seigneur! vous m'inspiriez quand je faisais de Maurice un soldat, on en aurait fait ici un assassin.

LA MÈRE GOTTEREAU.

Vous ne la tuerez pas, Léonard : par elle, j'ai pu sauver mon fils.

LÉONARD.

Elle a perdu le mien... La balle qui est là-dedans est pour elle... Arrière donc tout le monde... (Il l'ajuste.)

MIETTE, allant droit au fusil.

Léonard... vous ne serez pas plus impitoyable que le bourreau... Quand une condamnée lui dit : Je vais être mère... il laisse retomber sa hache, et il attend. Eh bien! la hache est levée là-bas sur une femme qui va mourir, parce qu'elle ne sait pas que d'un mot elle peut sauver sa vie et celle de son enfant... Ce mot, je vais le dire à ses juges... je vais le crier au bourreau... et les juges ne condamneront pas, et le bourreau ne frappera pas. . A présent, Léonard, vous qui craignez Dieu, condamnez-moi donc... frappez-moi donc!

TOUTES.

Non, non...

LÉONARD.

Si cette femme me trompe, vous la punirez, Seigneur; moi, je ne peux plus la tuer. (Léonard laisse retomber son fusil.)

MIETTE.

Ah! il a fait grâce, lui... Vous, faites-moi passage! (A part.) Au tribunal ou sur l'échafaud... Je vais à toi, ma sœur. (Elle sort en courant.)

Acte troisième. — Deuxième tableau.

LE PÈRE ET LE FILS.

Une chaumière à demi ruinée; au premier plan, à gauche, une haute cheminée; au deuxième plan, presqu'au milieu du théâtre, une trappe cachée dans le plancher; une table, un grand fauteuil; au changement à vue, la chaumière est vide et la porte du fond est fermée.

—

SCÈNE PREMIÈRE.

PILLE-MICHE, en dehors, puis LA MÈRE COTTEREAU.

PILLE-MICHE, heurtant à la porte.

Alerte, la mère... alerte!

LA MÈRE COTTEREAU, sortant d'une chambre, à gauche, et allant ouvrir.

Quoi qu'il y a, Pille-Miche?

PILLE-MICHE, entrant, un fusil à la main.

Un étranger tourne autour de la closerie... Sous son manteau... y porte une épée, j'en suis sûr... C'est un officier des bleus... Y vient p't'être pour flairer la cachette et découvrir c't y là qu' nous y avons si bien muché... mais il ne la dira à personne. (Il arme son fusil.)

LA MÈRE COTTEREAU.

Attends... pas de meurtre inutile... et voyons d'abord c' que nous veut c't étranger.

SCÈNE II.

LES MÊMES, BERTHIER, enveloppé dans un manteau.

BERTHIER.

C'est bien dans cette masure que je suis entré, il y a huit jours... Je la reconnais... enfin je suis arrivé... (Il ôte son manteau et laisse voir son uniforme d'officier général républicain.)

PILLE-MICHE, avec colère.

Je vous disais bien que c'était un bleu.

BERTHIER.

Aussi vrai que vous... vous êtes un blanc... mais il y a suspension d'armes jusqu'à demain, et si vous me tuez, avant demain, vous ne serez pas un ennemi, vous serez un assassin.

LA MÈRE COTTEREAU.

Je ne me trompe pas... c't officier... est bien celui qui a rapporté ici... M. le marquis... blessé... mourant...

BERTHIER.

Et c'est encore pour M. de la Rozerie que je reviens dans votre chaumière... Répondez-moi, est-il en état de me recevoir, en état de marcher surtout ?

LA MÈRE COTTEREAU.

Oui, grâces à Dieu! sa blessure est presque fermée... Et, tenez... il aura entendu, reconnu votre voix... car... il sort de sa chambre... et vient à vous. (Bas à Pille-Miche.) Oh! rien à craindre de celui-là. (Elle sort par la porte du fond avec Pille Miche au moment où Gaston paraît par la porte à gauche.)

SCÈNE III.

BERTHIER, GASTON.

GASTON.

M. Berthier! (Il court à lui.) Je ne m'étais donc pas abusé quand, à travers le voile de sang qui obscurcissait ma vue, j'avais cru vous reconnaître dans le généreux ennemi qui, au péril de sa vie, m'a apporté jusque dans cette chaumière.

BERTHIER.

Pour me dévouer à votre salut, monsieur de la Rozerie, je n'ai eu qu'à me souvenir... dans les plaines de l'Amérique, et lorsque, plus heureux, nous combattions sous le même drapeau... je vous ai dû la vie... J'ai voulu m'acquitter, voilà tout. Mais ma dette ne sera payée que lorsque vous serez tout à fait hors de danger... Vous ne pouvez plus rester ici... Avant une heure, ce pays sera occupé par nos troupes; cette closerie, plus importante que les autres, servira de poste principal... il vous faut donc chercher un autre asile.

GASTON.

Fuir encore, fuir toujours!

BERTHIER.

Monsieur le marquis, vous savez si je respecte, si j'honore vos convictions; mais la cause à laquelle vous vous êtes si bravement dévoué, cette cause est perdue.

GASTON.

Je le sais, monsieur Berthier! mais je n'abandonnerai jamais ceux qui m'ont nommé leur chef. Je combattrai donc avec eux jusqu'au dernier moment, non plus pour vaincre, mais pour mourir. Le seul lien qui me retenait à la vie, d'ailleurs, est brisé. La femme que j'aimais, est morte en se croyant oubliée... abandonnée peut-être... Laissez-moi donc tenter de finir en soldat. Je me tuerais, voyez-vous, si je n'espérais pas trouver bien-

3

tôt mon dernier champ de bataille... (Bruit au dehors.) Ce bruit m'annonce l'arrivée de quelques chefs de paroisse qui viennent prendre mes ordres. Avant une heure j'aurai quitté ce village; mais comme mes gens l'occupent encore, et que le malheur les exaspère, laissez-moi vous accompagner jusqu'en vue de vos avant-postes. (Il prend aussi un manteau et sa carabine, puis il tend la main à Berthier.) Dieu nous fasse la grâce de ne nous pas rencontrer demain. (A Léonard et Cottereau, qui sont entrés.) Je suis à vous, mes amis, attendez-moi. (Il sort avec Berthier.)

SCÈNE IV.

LA MÈRE COTTEREAU, JEAN COTTEREAU, LÉONARD.

LA MÈRE COTTEREAU, à Jean Cottereau.
Que me disais-tu, mon gas, les bleus vont venir ici?

JEAN COTTEREAU.
Oui, la mère; et c'est chez-vous que logera l'officier qui commandera le détachement.

LA MÈRE COTTEREAU.
Chez moi!

JEAN COTTEREAU.
C'est une grâce du bon Dieu qui leur a fait choisir notre closerie.

LA MÈRE COTTEREAU.
A cause?

JEAN COTTEREAU.
J' vas vous expliquer ça pendant que monsieur le marquis est dehors; il ne comprend pas la guerre à not' façon; il n'aime la bataille qu'au grand soleil, et c'te manière-là ne nous réussit plus. Si nous ne gagnons pas une victoire, après tant de défaites, nos gens qui traînent avec eux leurs femmes et leurs enfants, parlent déjà de se séparer et de retourner isolément dans leurs paroisses... Il fallait donc vaincre, n'importe par quel moyen... et le moyen, je crois que Léonard l'a trouvé... mais nous aurons besoin de vous, la mère.

LA MÈRE COTTEREAU.
Parlez.

LÉONARD.
La trêve expire demain à midi seulement.

LA MÈRE COTTEREAU.
Je sais ça.

LÉONARD.
Nous attaquerons cette nuit.

JEAN COTTEREAU.
Malgré nos chefs, s'ils veulent respecter l'armistice.

LA MÈRE COTTEREAU.
Ah! et qu'est-ce que j'aurai à faire, moi?

LÉONARD.

Nous savons que le détachement qui va occuper ce village se compose de ces Mayençais maudits qui nous opposent toujours comme une muraille de fer et de feu, contre laquelle vingt fois déjà nous sommes venus nous briser. Nous savons encore par nos espions que le chef du détachement s'établira chez vous. Quand il sera seul, endormi ou non, vous ferez allumer votre four comme pour cuire le pain; de la position que nous occupons, nous verrons la clarté de ce feu. Alors, celui de nous que le sort a déjà désigné se glissera jusque dans cette salle par la route souterraine que nous avions pratiquée pour assurer l'évasion de M. de la Rozerie, si par malheur il avait été surpris... le chef est l'âme de ses soldats; ce chef mort, ils sont à moitié vaincus. Ce chef mourra.

LA MÈRE COTTEREAU.

C'est horrible tout ça...

LÉONARD.

Vous hésitez?

LA MÈRE COTTEREAU.

Moi!... est-ce qu'ils ne m'ont pas tué mes deux fils? Non... au moment convenu, Grivette, ma fille, allumera le four.

LÉONARD.

C'est bien...

LA MÈRE COTTEREAU.

Et qui a été désigné pour... surprendre l'officier bleu? ça n'est pas toi, Jean?

LÉONARD.

Non; c'est moi.

JEAN COTTEREAU.

Taisez-vous, voilà le marquis.

SCÈNE V.

LES MÊMES, GASTON, puis PILLE-MICHE.

GASTON.

Léonard, Cottereau, vous avez bien vu la figure de l'homme qui est sorti avec moi tout à l'heure?

LÉONARD.

Oui, Monseigneur.

GASTON.

Vous pourrez reconnaître cet homme?

JEAN COTTEREAU.

Oui.

GASTON.

Eh bien! souvenez-vous qu'il m'a sauvé la vie, et que je donnerais mon sang pour lui... Maintenant, la mère, apportez-moi les armes et les quelques papiers que j'ai laissés dans ma chambre. Je vais cesser d'être votre hôte... hâtez-vous... (La mère Cottereau entre à gauche.)

LÉONARD.

Vous savez donc...

GASTON.

Que les républicains vont placer ici leurs avant-postes. (On entend battre une marche.)

PILLE-MICHE, entrant vivement par le fond.

Garde à vous! voilà les bleus.

JEAN COTTEREAU.

C'est bien ; ferme la porte... Et vous, Léonard...

LÉONARD.

Je sais ce que j'ai à faire. (Il soulève la trappe.) Voilà votre route, Monseigneur, et, par celle-là, on ne vous poursuivra pas.

LA MÈRE COTTEREAU, entrant avec un sabre, des pistolets et un rouleau de papier.

Voilà ce que vous m'avez demandé.

GASTON.

Allons... demain, à midi, la trève expire; demain nous attaquerons.

JEAN COTTEREAU, qui est descendu le premier.

Par ici, Monseigneur, la route n'est pas commode, mais elle est sûre. (Quand Gaston et Pille-Miche sont descendus, Léonard s'apprête à les suivre.)

LÉONARD.

A tantôt, la mère, c'est par là que je reviendrai. (Il disparaît. La mère Cottereau ferme la trappe. Le bruit du tambour s'est rapproché; la porte du fond s'ouvre, et une jeune fille en haillons entre vivement.)

SCÈNE IV.

LA MÈRE COTTEREAU, GRIVETTE, puis BONIFACE
ET BARNABÉ, SOLDATS RÉPUBLICAINS.

Par la porte que Grivette a laissée ouverte, on aperçoit un peloton de soldats républicains, l'arme au pied.

BONIFACE, passant la tête.

Pendant que le général Davoust reconnaît la position avec le capitaine, je crois que nous pouvons faire un tour à la cantine. (Il entre. — Apercevant la mère Cottereau.) Hum! elle ressemble à la cantinière ; elle tombe en ruines.

BARNABÉ.

Tu n'as vu que la vieille, toi... mais il y en a une jeune... et gentille, ma foi... N'aie pas peur, petite...

BONIFACE.

Et d'abord, ne pleurons pas... j'aime la gaieté, moi...

LA MÈRE COTTEREAU.

L'enfant pleure ses deux frères, que vous ou les vôtres vous avez tués.

BONIFACE.

D'abord, la mère, nous n'avons tué personne ici, vu que

nous arrivons de Mayence, et que nous n'avons pas encore eu le temps de brûler une cartouche au nez des Vendéens ; ainsi, la belle enfant, nous ne sommes pour rien dans votre douleur, que nous respectons, mais qui ne peut pas nous empêcher d'avoir soif.

LA MÈRE COTTEREAU.

C'est bon. Je vas apporter ce que vos camarades ont bien voulu nous laisser.

BARNABÉ.

On ne peut pas vous en demander davantage.

LA MÈRE COTTEREAU.

Viens, Grivette. (Elle sort à droite avec Grivette.)

BONIFACE.

Ah! décidément j'aime mieux les Allemandes, et le vin du Rhin avait un autre bouquet que le mauvais cidre qu'on va nous apporter.

BARNABÉ.

Je gage pourtant que le capitaine va le trouver excellent, tu sais qu'il est de ce vilain pays-ci.

BONIFACE, qui est allé au fond.

Bon ou mauvais, je crois que nous n'aurons pas le temps de goûter le cidre ci-inclus... voilà deux grosses bottes qui nous arrivent...

SCÈNE VII.

LES MÊMES, AUGEREAU, en tenue de général républicain.

AUGEREAU, brusquement.

Le citoyen général Davoust? Je devais le trouver ici.

BONIFACE.

Le général examine le terrain et... et... non... si... non... je ne me trompe pas... c'est toi... c'est bien toi!

AUGEREAU.

Ah! ah! c'est Boniface...

BONIFACE.

Augereau... Augereau, général de brigade... merci! plus que ça d'avancement!

AUGEREAU.

J'ai assez bien rattrapé le temps perdu, n'est-ce pas... Ah! voilà ce que les boulets ont d'agréable quand ils ne vous tuent pas, il vous poussent.

BONIFACE.

J'en ai vu passer quelques-uns à Mayence, sans compter les obus.

AUGEREAU.

Eh bien! ça ne t'a pas tué?...

BONIFACE.

Non... mais ça ne m'a pas poussé... c'est injuste.

AUGEREAU.

Tu ne penses pas à une chose... si nous étions tous généraux, nous n'aurions plus personne à qui commander.

BARNABÉ.

C'est vrai, ça.

BONIFACE.

Je ne dis pas... il faut que les uns commandent aux autres... (A Barnabé.) Mais je voudrais être l'un et que tu *soies* l'autre.

LA MÈRE COTTEREAU, apportant un pot de cidre.

Voilà du cidre.

AUGEREAU.

Il arrive bien... j'ai l'enfer dans le gosier. (Il se verse à boire.)

BONIFACE, à part.

Tiens ! il boit tout seul... Déjà... et ils ont décrété l'égalité.

AUGEREAU.

Vous venez nous donner un coup de main pour en finir avec ces damnés paysans.

BONIFACE.

Oui, et nous croyons que nos généraux valent mieux que vos l'Echelle, Rossignol et... autres.

AUGEREAU.

Oui, Kléber et Marceau sont de vrais soldats, il y aura plaisir à marcher avec eux. Quel homme est-ce que votre général de brigade.

BONIFACE.

Un lapin fini, mais terriblement dur à cuire à l'endroit de la discipline... il nous flanquerait aux arrêts pour un verre de cidre que nous aurions bu sans le payer... Mais... (Avec intention.) comme nous n'avons pas goûté à celui-là...

AUGEREAU.

C'est à moi de le payer... c'est juste... (Jetant une pièce de monnaie.) Tenez la mère... Davoust, j'ai connu ça à l'armée du Nord.

BARNABÉ.

Attention... v'là le général. (La mère Cottereau rentre chez elle.)

SCÈNE VIII.

LES MÊMES, DAVOUST, MAURICE, en costume de capitaine.

DAVOUST, à Maurice.

Capitaine Maurice, la guerre que vous allez faire dans ce pays ne ressemble pas à celle que vous faisiez sur les bords du Rhin. Ici, chaque haie cache une embûche, chaque buisson cache un ennemi... Tenez-vous donc bien sur vos gardes, et allez placer vous-même des factionnaires à tous les endroits que je vous ai désignés.

MAURICE, s'inclinant.

Oui, général... (Il sort suivi de Boniface et de Barnabé.)

AUGEREAU.

Citoyen général...

DAVOUST.

Hein?

AUGEREAU, lui tendant un pli.

Ordre du comité de salut public.

DAVOUST.

Je crois vous reconnaître, général... Où vous ai-je vu déjà?

AUGEREAU.

A Valmy, général.

DAVOUST.

Votre nom.

AUGÉRAU.

Augereau.

DAVOUST.

Ah! ah! J'ai souvent entendu citer ce nom-là.

AUGÉREAU.

Vraiment.

DAVOUST.

Oui, vous n'avez dû votre rapide avancement qu'à votre intrépidité... (Il lit.) Cette dépêche renferme un décret de la Convention. (Après avoir lu.) Connaissez-vous la teneur de ce décret?

AUGEREAU.

Non, général.

DAVOUST.

La Convention a décidé que tout noble faisant partie des armées de la république devait se démettre de son grade.

AUGEREAU.

Mais c'est absurde, ça.

DAVOUST.

C'est décrété, général... je devais mes grades à mes services et non à ma naissance... la France me les avait donnés, elle me les retire, je ne suis plus qu'un soldat; car, vous me permettrez bien, général, d'échanger mon épée contre un fusil.

AUGEREAU.

Citoyen Davoust, je dois comme vous respecter même ce que je blâme; mais, je le répète, c'est absurde. Je comprends la révolution quand elle élève ceux qui étaient injustement en bas, je ne la comprends plus quand elle abaisse ceux qui étaient justement en haut.

DAVOUST, à Maurice, qui rentre.

Capitaine, faites avancer à l'ordre.

(Un groupe d'officiers, de sous-officiers et de soldats, entre dans la salle.)

Officiers, sous-officiers et soldats! je ne suis plus votre général! (Mouvement.) Votre chef à présent, c'est le citoyen général Augereau. Je me connais en braves, et celui-là est digne de vous commander. Maintenant, général, avant de vous rendre à mon quartier, qui va devenir le vôtre, voulez-vous que je vous fasse connaître les dispositions que j'ai prises pour assurer la position que j'avais ordre d'occuper?

AUGEREAU.

J'approuve tout ce que vous avez fait. Vous avez dû confier la garde de cette position à un homme solide.

DAVOUST, frappant sur l'épaule de Maurice.

J'ai vu ce garçon-là devant l'ennemi : c'est la bravoure et l'honneur en personne, et je réponds de lui.

AUGEREAU, aux soldats.

Mes enfants, on vous rendra bientôt, j'en suis sûr, le digne chef qu'on vous enlève aujourd'hui. Je tâcherai, jusque-là, que vous ne le regrettiez pas trop. A la première affaire, il faut que nous soyions contents les uns des autres... mais je suis difficile, je vous en préviens. (Il sort avec Davoust.)

SCÈNE IX.

MAURICE, LE LIEUTENANT, GRIVETTE, SOLDATS.

MAURICE.

Lieutenant, faites fouiller avec soin les environs de ce village; puis, comme il y a dans cette closerie d'assez vastes granges, installez-y nos hommes, ils ont fait une double étape aujourd'hui et doivent avoir besoin de repos. Pourtant, qu'ils ne quittent pas leurs armes... je veillerai toute cette nuit, j'irai moi-même inspecter et relever les factionnaires.

(Le lieutenant sort avec tout le monde.)

MAURICE, à Grivette, qui apporte de la lumière.

Merci, mon enfant.

GRIVETTE, à part.

Il paraît bon, celui-là. (Haut.) Vous n'avez besoin de rien, monsieur l'officier?

MAURICE.

Non... Comment se porte ta mère?

GRIVETTE.

Elle va bien, Dieu merci. Est-ce que vous la connaissez?

MAURICE.

Oui... je te connais aussi, Grivette.

GRIVETTE.

Tiens! il sait mon nom... et puis... cette voix... on dirait que... oh! mais non... ça ne peut pas être lui. (Elle va sortir.)

MAURICE.

Où vas-tu?

GRIVETTE.

Allumer le four pour cuire notre pain.

MAURICE.

N'as-tu pas tes frères pour t'aider?

GRIVETTE, tristement.

Mes frères, ils sont morts?

MAURICE.

Morts!

GRIVETTE.

Oui... Pierre et Antoine.

MAURICE.

Et Jean?

GRIVETTE.

Jean...

MAURICE.

Où est-il?

GRIVETTE, vivement.

Je ne sais pas, vrai, je ne sais pas.

MAURICE.

Dis à ta mère de venir, j'ai à lui parler.

GRIVETTE.

Oui, monsieur l'officier... oui... je vas vous envoyer maman...
(A part.) Oh! c'est étonnant! comme il lui ressemble!

SCÈNE X.

MAURICE, seul; puis MOLLARD et MIETTE.

Morts!... mes amis d'enfance; morts sans doute en défendant
la cause que je viens combattre. Qui aurait dit, il y a trois ans,
que le pauvre paysan de Grand-Chêne serait aujourd'hui au
service de la république, qu'il porterait l'épaulette et l'épée?
Miette a fait tout cela... Miette! étrange fille! je ne l'ai plus
revue! (Il tire une lettre de sa poche.) Une seule lettre d'elle m'est
parvenue, et cette lettre, je la relis sans cesse et sans pouvoir
la comprendre. (Lisant.) « Cher Maurice, je sais que tu es officier, que tu es reconnu brave parmi les plus braves, et j'en suis
bien fière, va. C'est avec bonheur que je t'aurais dit au retour :
Voilà mon cœur, voilà ma main. Mais je ne m'appartiens plus :
c'est sur une tombe que j'ai juré de remplir les nouveaux devoirs
qui me sont imposés... et ces devoirs nous séparent pour toujours peut-être! (Ne lisant plus.) Pour toujours! oh! non pas!

MOLLARD, entrant.

Capitaine, ainsi que vous me l'aviez ordonné, j'ai fait visiter
toutes les chaumières qui avoisinent cette closerie; dans l'une
d'elles se cachait une jeune femme qui a paru suspecte à nos
soldats, et je vous l'amène... la voici.

MAURICE, apercevant Miette.

Elle!... (Il reste immobile.)

MIETTE.

Est-ce que tu ne me reconnais pas, Maurice?

MAURICE, après avoir éloigné Mollard, va à Miette et lui montre sa lettre.

C'est bien toi qui m'as écrit cette lettre?

MIETTE.

Oui.

MAURICE.

Cette lettre dans laquelle tu me disais de t'oublier.

MIETTE.

Oui... et tu n'as pas pu, pauvre Maurice... Oh! je le sais... je le vois.

MAURICE.

Cette lettre, qui m'a désespéré et ne m'a rien appris... je la déchire, je la foule aux pieds... et maintenant, ta main dans la mienne... tes yeux dans les miens, dis-moi : Maurice... je ne t'aime pas...

MIETTE.

Je ne te dirai pas ça, Maurice, car je t'aime... je t'aime toujours... Je suis fière de mon amour, fière de mon amant. Et cet amour, il faut que je le cache, que je l'étouffe, car mon amant ne peut plus être mon mari.

MAURICE.

Oh! tu me rendras fou... T'avoir retrouvée pour te perdre encore... non... Jure-moi devant Dieu que tu m'as gardé ta foi... jure-moi que si les apparences t'accusent ou te condamnent, ta conscience t'absout.... jure-moi cela.... et je te nomme ma femme.

MIETTE.

Moi!. moi!.. Oh! tu n'oseras pas... et pourtant ce serment que tu me demandes, je te le ferai, Maurice, sur le berceau où dort un enfant qui m'appellera sa mère.

MAURICE.

Sa mère.... toi ?...

MIETTE.

Oh! je le disais bien... que tu n'oserais pas.

MAURICE.

Cet enfant ?...

MIETTE.

N'a que moi au monde.

MAURICE.

Son père ?...

MIETTE.

Son père est mort.

MAURICE.

Mort !... Je devine... un piége, une violence, un crime t'a rendue mère ?... C'est cela, n'est-ce pas ? et le monde a flétri la victime... mais Dieu, qui frappe juste, a puni le vrai coupable... Le malheur ne déshonore pas.. Ne rougis plus, pauvre femme.. l'amour d'un honnête homme te réhabilitera... ne pleure plus, pauvre mère, je donnerai un nom à ton enfant...

MIETTE.

Oh! Dieu ne peut pas vouloir que je te désespère, quand d'un mot je puis rassurer ta tendresse... Ta femme sera bien à toi, Maurice, rien qu'à toi.... nul autre ne l'a souillée même du regard.... Je t'ai dit que cet enfant me nommerait sa mère... sa mère... toi seul tu vas la connaître... Tiens... prends ce médaillon... presse le secret qui le fait s'ouvrir... puis regarde... regarde...

MAURICE, qui a ouvert le médaillon.

Mademoiselle Armande de Versac!

MIETTE.

Oui, Armande, ma sœur bien-aimée, qui s'était donnée à celui qui devait être son époux... Monsieur de la Rozerie, séparé violemment d'elle par une guerre d'extermination, a, dit-on, succombé dans la lutte... Armande, échappée par miracle à l'échafaud... cachée avec moi dans une misérable chaumière... a donné le jour à un fils... mais, épuisée par ce suprême effort... elle allait expirer quand accourut madame de Versac, qui, plus orgueilleuse que mère, aurait maudit peut-être celle qui avait déshonoré son nom. Je vis trembler et frémir ma sœur; alors, à madame de Versac... à tout le monde, je déclarai que cet enfant était le mien, et je jurai de ne révéler le secret de sa naissance que lorsque cette naissance pourrait être légitimée. Eh bien! Maurice, ce secret, nous serons deux à le garder, cet enfant ne sera plus orphelin... nous l'aimerons pour son père, qui languit dans l'exil peut-être... pour sa mère, qui est morte pour lui donner la vie...

MAURICE.

Oui... à défaut du titre de son père, cet enfant aura le nom d'un honnête homme. Mais ni lui, ni toi vous ne pouvez rester plus longtemps dans la misérable chaumière où mes soldats t'ont trouvée... tu n'y serais pas en sûreté... Demain la trève expire, il faut que cette nuit même tu sois conduite sous bonne escorte à Angers. Je ne peux, à aucun prix, quitter mon poste; mais je vais te confier au plus brave, au plus dévoué de mes officiers. (Appelant.) Lieutenant!

MOLLARD, rentrant.

Capitaine!

MAURICE.

Prenez avec vous quelques-uns de nos intrépides Mayençais, et conduisez vous-même jusqu'à la ville cette jeune femme et son fils. Songez, mon ami, que je vous confie ce que j'ai de plus cher au monde, ma femme et mon enfant.

MIETTE.

Maurice, mon bien-aimé, oh! que mon amour et Dieu te gardent... (Elle sort avec Mollard.)

SCÈNE XI.

MAURICE, LA MÈRE COTTEREAU.

MAURICE.

Miette, pour toi, pour ton enfant, je tiens à la vie à présent.

LA MÈRE COTTEREAU.

Vous m'avez fait appeler?

MAURICE.

Oui... pour vous parler.

LA MÈRE COTTEREAU.

De quoi? Je n'ai rien à vous dire.

MAURICE.

Ah çà! vous ne me reconnaissiez donc pas?

LA MÈRE COTTEREAU.

Ah!... Jésus! vous êtes...

MAURICE.

Maurice.

LA MÈRE COTTEREAU.

Bonté du ciel! et c'est vous qui commandez ici?

MAURICE.

Oui.

LA MÈRE COTTEREAU.

Vous qui devez passer la nuit chez moi?

MAURICE.

Oui... Mais voyons, parlez-moi de mon père.

LA MÈRE COTTEREAU, à part.

De son père, qui tout à l'heure... Oh non! ça ne sera pas... (Appelant Grivette.) Grivette! (A part.) Ce signal... je ne le donnerai pas.

GRIVETTE, paraissant.

Me v'là, mère.

LA MÈRE COTTEREAU.

D'où viens-tu?

GRIVETTE.

D'allumer le four.

LA MÈRE COTTEREAU.

Ah! il faut l'éteindre!

GRIVETTE.

L'éteindre!... Oh! y flambe ben trop fort pour ça.

MAURICE.

Qu'avez-vous donc?

LA MÈRE COTTEREAU.

Moi!.. rien... rien...

MAURICE.

Vous ne m'avez pas dit encore si Léonard... si mon père...

GRIVETTE.

Son père !!... j' disions ben qu' c'était l' fils à Léonard ! Il va ben, vot' père... et tenez, il était ici tantôt, le vieux.

MAURICE.

Ici !... mon père ! Il était à cette place, peut-être... et il ne parle jamais de moi ?

GRIVETTE.

Oh ! si... mais...

MAURICE.

Il me maudit, n'est-ce pas... et pourtant je l'aime, moi... oh ! oui, je l'aime bien, mon père... Je serais si heureux de le voir...

LA MÈRE COTTEREAU.

Le voir, lui... oh ! non... non... (A part.) Et ce signal qu'ils ont aperçu déjà... Oh ! j'empêcherai... (Bruit au dehors.) Qu'est-ce que c'est que ça ?

BONIFACE, entrant.

Faites excuse, capitaine.. On nous a bien ouvert les granges, mais nous n'y trouvons que des cotterets pour matelats, et des fagots pour oreillers... nous voudrions quelque chose de plus douillet, de la paille, par exemple, il y en a dans les greniers, mais la vieille a la clé.

MAURICE.

Donnez à ces hommes ce qu'ils demandent.

LA MÈRE COTTEREAU.

Oui... j'y vais. (Bas à sa fille.) Toi, Grivette, cours à la lisière du bois, à l'entrée du passage qu'on a pratiqué.

GRIVETTE, bas.

Sous terre... oui... je sais ..

LA MÈRE COTTEREAU.

Attends-là, mon enfant, et quand tu verras Léonard...

BONIFACE.

Eh ben ! venez-vous, la mère...

LA MÈRE COTTEREAU.

Me voilà. (Bas à Grivette.) Je te dirai ce que tu devras répéter à Léonard, et tu courras bien ; songe qu'il y va de la vie d'un homme... (Bas à Maurice.) Maurice... ne dors pas, au nom du bon Dieu, ne dors pas. (Elle sort.)

SCÈNE XII.

MAURICE, puis LÉONARD.

MAURICE.

De quel ton elle me dit ça... aurait-elle connaissance de quelque surprise... de quelqu'attaque pour cette nuit ?... Non... il y a trève jusqu'à demain midi... Eh puis, toutes nos précautions sont bien prises... (Allant à la fenêtre.) A la clarté de la lune, j'apperçois au loin mes factionnaires attentifs à leurs postes... et, à la première alerte, tous nos hommes seront sur pied... (Allant à la table sur laquelle il a posé ses pistolets.) Mes pistolets sont chargés?... oui... Affreuse guerre que celle-ci! Je remerciais Dieu de m'en tenir éloigné, et cette fatale capitulation de Mayence ne nous permet plus de faire campagne qu'à l'intérieur. Oh! la guerre civile! Si j'avais un frère, il serait dans l'autre camp... si mon père n'était pas si vieux... il aurait repris sa carabine, et demain, peut-être... Oh! Dieu ne le permettra pas... (Le vent, qui s'engouffre dans la chambre par la fenêtre ouverte, éteint la lumière posée sur la table.) Ah! le vent a éteint ma lumière... (On entend au dehors : Sentinelle prenez-garde à vous; et ce cri se répète de différents côtés.) Tout est tranquille... Je puis fermer cette fenêtre... et rallumer. . Il y a, je crois, du feu dans cette cheminée... puis, j'ai mon briquet...

(Il prend le flambeau et se dirige à tâtons vers la haute cheminée. Pendant qu'à genoux dans l'âtre, Maurice cherche à rallumer sa chandelle, la trappe se soulève doucement, et Léonard montre sa tête.)

LÉONARD, à demi voix.

La mère a donné le signal... L'officier doit être seul... Pas de lumière... Il dort, sans doute... (Il sort de la trappe qu'il laisse ouverte.) Fermons d'abord cette porte... (Il pousse le verrou de la porte du fond.) et maintenant où dort-il ? (A ce moment, Maurice est parvenu à rallumer la chandelle.)

MAURICE.

Ah! enfin !

LÉONARD, qui ne le voit que par derrière, et toujours accroupi.

Le voilà... (Il hésite.) J'ai promis... J'ai juré... Puis cet homme est un ennemi de Dieu et du roi...

(Il prend sa carabine et la soulève comme s'il voulait, d'un coup de crosse, assommer Maurice qui s'est relevé et est allé placer la lumière sur la table. Au bruit qu'a fait Léonard en soulevant son fusil, Maurice se retourne.)

MAURICE.

Qui va là!... (Sautant sur ses pistolets.) Assassin!!

LÉONARD.

Maurice!

MAURICE.

Mon père !

BONIFACE en dehors et frappant à la porte.

Capitaine!... tout va bien... vous pouvez dormir... (S'éloignant.) Bonne nuit, capitaine. (Maurice et Léonard sont restés terrifiés en face l'un de l'autre.)

LÉONARD.

Pourquoi laisses-tu partir cet homme? Pourquoi n'appelles-tu pas tes soldats... ils me fusilleraient, et ma mort te vaudrait peut-être un grade de plus.

MAURICE.

Oh ! taisez-vous, mon père, taisez-vous.

LÉONARD.

Ton père ! Je ne suis plus que ton ennemi.

MAURICE.

Ne dites pas cela...

LÉONARD.

Je n'ai devant moi qu'un traître, un renégat que je ne connais plus, que je déteste, que je maudis !

MAURICE.

Qu'ai-je donc fait pour mériter votre haine et votre malédiction ? Quel est mon crime ? Quand l'étranger menaçait la France, j'ai couru à la frontière, j'ai donné mon sang pour mon pays... Cette France, ne m'avez-vous pas appris à la chérir ? mon premier devoir n'était-il pas de la défendre ?...

LÉONARD.

Maurice, les instants sont comptés, et notre rencontre doit avoir été l'œuvre de la Providence... Veux-tu que j'oublie le passé, veux-tu que je te pardonne, que je t'aime encore ?

MAURICE.

Oh ! mon père !...

LÉONARD.

Eh bien !... sais-tu ce que je venais faire ici ?... tuer le chef des bleus, puis donner le signal d'une attaque générale.

MAURICE.

Mais il y a trêve.

LÉONARD.

Il n'y a pas de trêve avec des impies et des bourreaux. Maurice, dépouille cet uniforme, jette cette épée, lave dans le sang des bleus la tache faite par toi à notre nom... et demain, Maurice, demain je te pardonnerai, je t'embrasserai sur la tombe de ta mère... Ta mère... plus heureuse que moi, elle est morte en bénissant son fils... Ah ! si tu savais tout ce que tu m'as fait souffrir... Je n'avais qu'un enfant, je l'aimais de tout l'amour que le bon Dieu m'avait mis dans le cœur, et je me suis vu abandonné, trahi par cet enfant, j'ai dû rougir de lui qui faisait mon orgueil, j'ai dû le maudire, lui que j'adorais... Car je t'ai maudit, Maurice ; mais cette malédiction, Dieu ne l'aura pas entendue, ta mère l'aura détournée... Regarde-moi donc, Maurice... Si tu n'as pas craint ma colère, tu auras pitié de mon désespoir... Je pleure, moi, un vieillard, je pleure comme le jour où je recevais sur mes lèvres le dernier soupir de ma bien-aimée Thérèse, ce jour-là, à deux genoux devant son lit de douleur, je demandais au ciel de me conserver la compagne de ma vie... Tiens, me voilà à deux genoux encore pour demander au Seigneur de me rendre mon enfant.

MAURICE, ému.

Mon père... (Il le relève.)

LÉONARD.

Maurice... tu pleures !... Oh ! tu ne me résistes plus... n'est-ce pas ?... Je peux t'aimer encore... Oh ! oui... je t'aime. (Il l'embrasse.) Enfant... voici la route que j'ai prise pour venir, elle nous conduira au milieu des nôtres... viens... tu hésites?

MAURICE.

Non, mon père... je refuse.

LÉONARD.

Malheureux!

MAURICE.

Pour reconquérir votre tendresse, je donnerais ma vie, je ne donnerai pas mon honneur.

LÉONARD.

Ton honneur!

MAURICE.

Oh! c'est que vous ne savez pas ce que c'est que l'honneur du soldat... Je l'ai appris, moi, sous la tente et sur les champs de bataille... C'est là, voyez-vous, que se retrouvent toutes les vertus, tous les dévouements. Tandis que dans nos villes le bourreau tue au nom d'une loi sanguinaire, que dans nos campagnes le paysan assassine au nom d'un parti aveugle, le soldat, fidèle à son devoir, oublie les crimes ou les erreurs de ceux qu'il a laissés derrière lui, pour ne voir que l'ennemi qui lui fait face. Dans son cœur, et avec la religion de ses pères, il a une autre religion encore, la religion du drapeau; et cette religion fait de tous les hommes réunis autour d'un lambeau d'étoffe, des amis, des frères, toujours prêts à mourir les uns pour les autres, et vous voulez que je trahisse ce drapeau, que j'abandonne mes amis, mes frères, bien plus, que je vous les livre, eux qui dorment en paix, parce qu'ils savent que je veille... et tout à l'heure, un noble chef disait en mettant la main sur mon cœur, je réponds de cet homme honneur pour honneur... Maudissez-moi, mon père, mais je ne vous suivrai pas; maudissez-moi; entre nous deux, Dieu jugera. Encore une fois, je ne suis ni le royaliste qui conspire et se révolte, ni le républicain qui proscrit et condamne, je suis le soldat-patriote qui suit son drapeau... Où ira ce drapeau, j'irai; où il tombera, je tomberai... et je ne crierai en tombant, ni vive la république, ni vive le roi, je crierai vive la France!

LÉONARD.

Eh bien! c'est toi qui l'auras voulu... (Il va vers la fenêtre.)

MAURICE.

Qu'allez-vous faire?

LÉONARD.

Donner le signal de l'attaque.

MAURICE.

Vous ne ferez pas cela.

LÉONARD.

Je le ferai.

MAURICE.

Non.

LÉONARD.

Allons, Maurice, traître et impie, il te manque encore d'être parricide.

MAURICE.

Mon père, vous allez reprendre le chemin qui vous a conduit ici, et votre retraite ne sera pas inquiétée. Si vous refusez, si vous ordonnez le massacre des braves gens qui ont cru à votre loyauté...

LÉONARD.

Eh bien?...

MAURICE, sautant sur ses pistolets.

Je me ferai sauter la cervelle... là, devant vous... Ce bruit avertira mes hommes... Vous aurez encore le temps de fuir, mais vous ne pourrez pas les surprendre.

LÉONARD.

Allons donc. (On entend sonner une cloche d'église.)

MAURICE.

Écoutez, mon père! minuit sonne à la paroisse de Grandpré. Si au douzième coup de la cloche cette trappe ne s'est pas refermée sur vous, au douzième coup vous n'aurez plus de fils.

LÉONARD.

Maurice!...(L'heure sonne tou-jours.)

MAURICE.

Écoutez, mon père! je vous pardonnerai, moi!

LÉONARD.

Mon fils... mon enfant! (L'heure sonne et la cloche se tait.)

MAURICE.

Minuit! que Dieu vous pardonne. (Il va tirer.)

LÉONARD.

Non... non... je pars, Maurice, je pars...

(Léonard redescend. La trappe est retombée, et Maurice, après avoir frappé du pied sur cette trappe pour s'assurer qu'elle est fermée court à la porte, l'ouvre et tire un coup de pistolet pour averti son monde.)

MAURICE.

Aux armes! (On entend le bruit des tambours. La décoration change.)

Acte troisième. — Troisième tableau.

LA DÉFAITE DES VENDÉENS.

Quand le rideau de manœuvre se relève on aperçoit les bords de la
    Loire ; au quatrième plan, et dans une île au milieu du fleuve quel-
    ques masures, plus loin la ville de Nantes ; sur les premiers plans,
    des Vendéens en armes et entourant une pièce de canon, occupent
    le milieu et la gauche du théâtre ; à droite, des femmes, des en-
    fants, traînant après eux leur misérable bagage ; enfin le campe-
    ment d'une armée vendéenne. — La lune éclaire ce tableau.

—

SCÈNE PREMIÈRE.

PILLE-MICHE, VENDÉENS, VENDÉENNES.

PILLE-MICHE, près de la pièce d'artillerie, à un paysan à gauche.
Tu n'entends rien du côté de Grandchamps ?

LE PAYSAN.

Rien encore.

PILLE-MICHE.

Tout doit aller bien pourtant. Léonard et Jean Cottereau sont
là... A l'incendie de Grandchamps, l'incendie des masures de
l'île des Oseraies doit répondre... D'ici nous verrons brûler les
masures dans l'île, alors avec Marie-Jeanne, (Il montre la pièce.)
je donnerai le signal de l'attaque générale, et si le marquis de
la Rozerie le trouve mauvais, il sera trop tard ; toutes les colonnes seront en marche, et le feu aura commencé partout...
Allons, à vos armes, vous autres. (Mouvement.)

SCÈNE II.

LES MÊMES, GASTON, entrant vivement.

GASTON.

Que se passe-t-il, et qui donc commande ici ?

TOUS.

Monseigneur !

PILLE-MICHE.

Ma foi ! Monseigneur, aujourd'hui c'est un peu tout le
monde... il nous faut une victoire, et puisque nos chefs ne peuvent plus ou ne savent plus nous la donner, nous allons tâcher
de l'avoir sans eux.

GASTON.

Le conseil se réunit au point du jour... nous n'attendons que
M. de la Rochejacquelein.

PILLE-MICHE.

Très-bien ! délibérez, Messieurs, nous, nous allons nous battre.

GASTON.

Attaquer pendant la trève !... vous ne ferez pas cela.
(On aperçoit l'incendie des masures de l'île des Oseraies. — Mouvement.)

PILLE-MICHE.

Voyez... c'est déjà fait.

GASTON.

Qu'est-ce donc ?

PILLE-MICHE.

C'est le village des Oseraies qui brûle; il y avait là aussi, comme à Grandchamps, un poste de Mayençais... C'est le signal que nous envoie Cottereau, et que Marie-Jeanne va renvoyer aux Bretons qui l'attendent pour attaquer la ville.

GASTON.

Je te défends de mettre le feu à cette pièce.

PILLE-MICHE.

Nous n'obéissons plus qu'à nous.

GASTON, tirant son sabre.

Misérable ! (On le retient, on le désarme. — Avec désespoir.)
Mais d'une guerre de soldats, vous allez faire une guerre de brigands et d'assassins.

PILLE-MICHE, prenant la mèche.

Marie-Jeanne va vous répondre.
(Il va mettre le feu à la pièce ; Gaston, se dégageant des mains de ceux qui le retenaient, embrasse la bouche du canon.)

GASTON.

Fais-la donc parler maintenant; je ne l'entendrai pas. (Mouvement. — Pille-Miche hesite.)

SCÈNE III.

LES MÊMES, COTTEREAU, pâle et tout sanglant, suivi de quelques hommes.

COTTEREAU.

Sauve qui peut! (Mouvement.)

COTTEREAU.

Nous avons trouvé les Mayençais prévenus et sous les armes... Alors les nôtres, qui croyaient les surprendre, ont perdu la tête et se sont mis à fuir de tous les côtés... J'ai vainement voulu les rallier : traqués par cette colonne infernale, frappés de terreur, ils jettent leurs fusils et ne veulent plus rien entendre. En épargnant Maurice, Léonard a tout perdu. (On entend battre des marches de différents côtés et quelques fusillades encore éloignées.)

COTTEREAU.

Écoutez! de ce côté, c'est Augereau qui nous poursuit... par là, c'est Kléber qui nous ferme la retraite.

GASTON, reprenant son sabre des mains des paysans.

Puisqu'il n'y a plus qu'à mourir, je suis encore votre chef...

La Loire est restée libre... des bateaux ont été préparés... qu'on les amène... que les femmes, que les enfants, que les lâches se sauvent; que les braves me suivent... Les Bretons arrêteront Kléber, et nous, mes amis... nous résisterons à Augereau... Ce n'est plus pour vaincre que vous allez vous battre; c'est pour le salut de vos femmes et de vos enfants... Maintenant... en avant, Marie-Jeanne... en avant!...

TOUS.

En avant !

(Gaston entraîne ses hommes par la gauche; les femmes, les enfants, les blessés appellent à grands cris les bateliers, qui arrivent avec leurs barques. On se presse pour y trouver place; mais alors le bruit du tambour, de la fusillade se rapproche; les Vendéens battent en retraite des deux côtés, mais cherchent à protéger les femmes et les enfants, acculés au bord du fleuve. — Les républicains débouchent à droite et à gauche. Augereau paraît, animant ses soldats, que commande Berthier.)

SCÈNE IV.

AUGEREAU, BERTHIER, PAYSANS, SOLDATS.

BERTHIER.

Bas les armes!... la résistance est inutile.... bas les armes!...
(Un coup de feu, parti du côté des Vendéens, blesse Berthier qui tombe.)

AUGEREAU , avec colère.

Artilleurs! à vos pièces!

LES FEMMES.

Grâce!... grâce!... (Mouvement.)

BERTHIER , se soulevant.

Général, souvenez-vous de Bonchamps qui est mort en faisant grâce; général, pitié! pitié pour les vaincus!

Acte quatrième. — Premier tableau.

LE COMITÉ DE LA GUERRE.

Une salle du comité de la guerre (1795).

—

SCÈNE PREMIÈRE.

MINORET, puis BONIFACE.

(Au lever du rideau, Minoret range des papiers sur un bureau; il se retourne en entendant entrer quelqu'un dans la salle.)

BONIFACE.

Le citoyen garçon de bureau, s'il vous plaît?

MINORET.

Mais on n'entre pas comme ça dans la salle du comité de la guerre.

BONIFACE.

Il me semble qu'on ne peut pas entrer ici autrement que par la porte... Eh! le petit père Minoret, mon ancien voisin de la rue de la Grande-Truanderie!

MINORET.

Boniface!..

BONIFACE.

Eh bien! voilà le premier individu que je retrouve encore à sa place.

MINORET.

La mienne était si petite qu'elle n'a fait envie à personne... Oh! je te croyais bien loin de Paris.

BONIFACE.

Eh! j'ai fait assez de chemin depuis trois ans que j'ai quitté la bonne ville... J'arrive des Pyrénées-Orientales avec mon ancien camarade Augereau, aujourd'hui général de division; il m'a attaché à sa personne.

MINORET.

Comme domestique?

BONIFACE.

Allons donc!... il n'y a plus de domestiques, je suis son ordonnance; enfin, si vous l'aimez mieux, son homme de confiance.

MINORET.

Qu'est-ce qu'il peut te confier, mauvais sujet?

BONIFACE.

Il me confie... ses bottes... et puis ses courses... J'apporte une lettre au citoyen Letourneur, président du comité de la guerre... même qu'elle doit être pressée, et qu'il ne faut pas nous faire attendre la réponse; car nous partons ce soir pour aller rejoindre l'armée d'Italie, où nous avons un commandement.

MINORET.

Je ne pense pas que le citoyen Letourneur ait le temps de s'occuper de cette lettre, il est dans son cabinet, très-occupé, et de fort mauvaise humeur.

BONIFACE.

Oui... la journée d'aujourd'hui, 12 vendémiaire, a été triste. Les sections se remuent et parlent même de renverser la Convention; le général Menou, chargé de dissiper la réunion des sectionnaires des Filles-Saint-Thomas, s'est laissé entortiller tantôt, il n'a pas exécuté les ordres qu'il avait reçus... et voilà encore une fois la patrie tout près d'être en danger.

MINORET.

Le général Menou a été remplacé ce jour même par le citoyen Barras. C'est à présent Barras qui commande l'armée de l'intérieur... Chut!... voilà un des membres du comité, parlons du beau temps si tu veux.

BONIFACE.

Il pleut!

MINORET.

Eh bien! parlons de la pluie... Donne-moi ta lettre, et va attendre la réponse dans la salle voisine.

BONIFACE, regardant Brune qui vient d'entrer et qui lit attentivement un
cahier de papier.

Tiens! tiens! je crois que je connais ce citoyen-là?..

MINORET.

C'est le général Brune, attaché depuis plusieurs mois au comité de la guerre... Mais, va-t-en donc! (Il le pousse dehors.)

SCÈNE II.

MINORET, BRUNE, puis BERTHIER, DAVOUST, MICHEL NEY, MURAT.

BRUNE, à lui-même.

L'auteur de ce travail n'est pas un homme ordinaire... ce n'est pas en Orient qu'on devrait l'employer, mais en France. (Il met le mémoire sur le bureau.) Minoret, le citoyen Letourneur m'a chargé de recevoir en son nom les officiers généraux qui ont audience ce soir... Donne-moi la liste des personnes qui attendent.

MINORET.

La voici, général.

BRUNE, lisant.

Davoust, Berthier, Michel Ney... Fais entrer.

BRUNE, allant au-devant de Davoust et de Berthier.

Citoyens! j'ai la joie de vous annoncer que le comité de la guerre vous rend les grades qu'on vous avait injustement enlevés. Général Berthier, vous êtes nommé à un commandement à l'armée des Alpes. Général Davoust, vous êtes envoyé à l'armée de la Moselle.

DAVOUST.

Quand devons-nous rejoindre?

BRUNE.

Immédiatement.

BERTHIER.

J'aurai quitté Paris demain.

DAVOUST.

Et moi, ce soir même.

BRUNE.

Je comprends, vous voulez regagner le temps qu'on vous a fait perdre. Adieu donc, citoyens, et puissions-nous ne pas trop gâter ici les belles choses que vous ferez là-bas. (Il les congédie, puis va à Michel Ney.) C'est bien au général Michel Ney que j'ai l'honneur de parler?

MICHEL NEY.

Pardon, je ne suis que chef de brigade; blessé assez grièvement devant Mayence, j'ai obtenu un congé de convalescence, que je suis venu passer à Paris. A peu près rétabli, j'allais rejoindre, quand j'ai reçu du comité cette lettre, par laquelle j'ai appris qu'on m'avait accordé une audience que je n'avais pas sollicitée.

BRUNE.

Oh! je sais que loin de rien demander, vous refusez même ce qu'on vous offre. Après avoir héroïquement conquis tous vos grades, vous avez été nommé général sur le champ de bataille par le représentant Merlin, de Thionville, et vous n'avez pas accepté... Pourquoi ?...

MICHEL NEY.

Parce que je doutais de moi... Parce que je n'avais rien fait de plus que de braves camarades, mes anciens et mes maîtres... parce que le citoyen Merlin, de Thionville, n'est pas militaire et avait pu céder à un premier mouvement qu'on lui aurait reproché peut-être... Enfin... j'ai refusé ce grade, parce qu'il me semblait que je n'avais pas fait assez encore pour le mériter.

BRUNE.

Heureusement je puis vous rassurer sur ce point. Croyez-vous que Kléber se connaisse en actions de guerre? (Ici, Murat, en costume de chef d'escadron, paraît.)

MICHEL NEY.

Oh! celui-là... oui...

BRUNE.

Eh bien! Kléber a écrit au comité et a demandé pour vous ce grade de général que vous ne refuserez pas cette fois... J'ai là votre brevet... que je serais heureux de remettre à l'homme qui, au milieu de tant de héros, a déjà mérité d'être appelé le brave des braves.

MURAT, s'avançant.

Général Michel Ney... je vous salue...

NEY.

Murat! (Ils se serrent la main.)

MURAT.

A la bonne heure! vous avez marché depuis notre rencontre à la ferme du Grand-Chêne, et moi, tout bon cavalier que je suis, je me laisse distancer, je ne suis que chef d'escadron... Oh! me voilà encore loin de ma couronne...

NEY.

Votre couronne!...

MURAT.

Oh ! ceci est un mystère entre mademoiselle Lenormand et...

BRUNE, revenant avec le brevet qu'il donne à Ney.

Et moi, commandant... je me souviens de la prédiction qui vous a été faite, à vous et à Bernadotte.

MURAT.

Bernadotte... celui-là aussi est en avance, le sergent de marine est aujourd'hui général de division à l'armée de Sambre-et-Meuse, et vous-même, citoyen Brune, vous qui avez ri si fort quand on vous a prédit une glorieuse carrière dans les armes, vous voilà mon supérieur, vous qui n'étiez pas même soldat alors.

BRUNE.

Cela prouve qu'en temps de révolution on peut prédire l'impossible et que l'impossible se réalise parfois... Qui sait? je solliciterai peut-être un jour une audience de Votre Majesté.

MURAT.

En attendant, j'ai pour vous une lettre du nouveau commandant en chef de l'armée de Paris.

BRUNE.

Bien... Général Ney, Kléber vous veut avoir pour lieutenant, c'est donc auprès de lui qu'on vous envoie; vous apprendrez de Kléber le grand art de vaincre, si toutefois il vous reste encore là-dessus quelque chose à apprendre.

NEY.

Général... je n'aurai jamais assez de sang dans les veines pour payer ma dette à la patrie... A bientôt, Murat; puissions-nous avoir les mêmes champs de bataille. (Il sort.)

SCÈNE III.

BRUNE, MURAT.

BRUNE, à Murat.

Maintenant, permettez-moi de prendre connaissance de la dépêche de votre nouveau général en chef.

MURAT, riant.

Qui me paraît assez embarrassé de son rapide avancement.

BRUNE, qui a lu.

En effet... il m'écrit qu'il va demander, ce soir même, à la Convention, de lui adjoindre, pour commander en second, un officier de son choix.

MURAT.

Et savez-vous quel homme il va désigner... La tâche à remplir est difficile... Tel général, excellent devant l'ennemi, se trouble et faiblit devant une émeute.

BRUNE.

Barras m'écrit qu'il va proposer à l'Assemblée la nomination d'un jeune officier d'artillerie, dont la rare perspicacité, le coup d'œil d'aigle ont décidé la prise de Toulon; devenu chef de brigade, ce jeune officier a été destitué par Aubry, et se trouve en ce moment à Paris en non activité et presque réduit à l'indigence.

MURAT.

Vous voulez parler du général Bonaparte... Je l'ai rencontré plusieurs fois chez la citoyenne Tallien.

BRUNE.

Savez-vous ce qu'il demande dans un mémoire que je relisais tout à l'heure?... Il demande à être autorisé à passer en Orient.

MURAT.

En Orient! mais ne lui avez-vous donc pas annoncé le choix fait par Barras?

BRUNE.

Non... Bonaparte a refusé déjà d'aller commander en Vendée... il ne faudra pas moins qu'un vote de la Convention et le danger de la patrie pour le décider à accepter la position qu'on veut lui faire.

MINORET, annonçant.

Le général Bonaparte.

BRUNE.

Justement, le voilà!...

SCÈNE IV.

Les mêmes, BONAPARTE.

BONAPARTE.

Le président du comité ne peut-il donc pas me recevoir?

BRUNE.

Le citoyen Letourneur vient de partir pour la Convention.... Que lui voulez-vous, général?

BONAPARTE.

Je lui apportais ma démission.

BRUNE.

Votre démission?

BONAPARTE.

Oui, général, je me lasse d'une oisiveté qui me tuerait. Masséna, Jourdan, Lefebvre, Augereau, Kléber, Hoche, Marceau et tant d'autres comme moi, soldats encore hier, commandent en chef aujourd'hui. Pourquoi juste envers eux, le gouvernement est-il injuste envers moi seul?

BRUNE.

On vous reproche d'être trop jeune.

BONAPARTE.

On vieillit vite sur le champ de bataille, et j'en arrive.

BRUNE.

Pontécoulant vous avait employé à la préparation des plans de campagne...

BONAPARTE.

Cette position obscure convenait mal à un homme avide de combats et de gloire... Eh bien! on l'a trouvée trop avantageuse encore pour l'officier dont on veut ruiner l'avenir, et le citoyen Letourneur m'a dernièrement retiré cet emploi. Je désespère à la fin de vaincre les jalousies, les haines dont je suis l'objet. Je ne veux pas laisser étouffer sous les coups de l'impéritie et d'un arbitraire tracassier tout ce que je sens en moi de capacité politique et guerrière.... Il me faut à tout prix de grandes destinées, la France me les refuse, l'Orient me les donnera...

BRUNE.

J'ai lu votre mémoire, général... vous voyez les choses de haut et de loin.

BONAPARTE.

J'ai écrit et je vous répéterai à vous, général, qui saurez me comprendre, qu'il est de l'intérêt de la France d'accroître les moyens défensifs de la Porte contre les vues ambitieuses des monarchies d'Europe. Que la république m'envoie en Turquie avec une mission hautement, clairement définie... là encore je pourrai être utile à mon pays. Constantinople est par sa position géographique la capitale du monde, et cette capitale doit rester aux mains des sultans qui sont et seront toujours nos alliés. La France doit, s'il le faut, dépenser jusqu'à son dernier soldat et son dernier écu pour empêcher qu'un autre drapeau que celui de Mahomet flotte jamais sur les tours du sérail. Il faut qu'aux rives du Bosphore, comme aux bords du Rhin, comme au sommet des Alpes, l'étranger trouve la France... la France, l'espoir et le soutien de tout ce qui est faible, l'adversaire énergique, invincible de tout ce qui menace et veut envahir.

MURAT.

Général, je ne suis pas un grand politique, mais je crois être un bon soldat... Vous n'irez pas seul là-bas, il vous faudra des lieutenants jeunes et déterminés... quelque chose me dit que vous êtes l'étoile que je dois suivre. A côté du nom de Bonaparte l'histoire inscrira peut-être un jour le nom de Joachim Murat.

MINORET, entrant avec une lettre à la main.

Pour le citoyen Brune, de la part du citoyen Barras. (Il donne un pli. — Pendant que Brune lit, on entend battre la générale.)

MURAT.

C'est bien la générale que j'entends ? (Il va à la fenêtre.) Oui !... Voyez-vous, général, cette foule qui se dirige vers la Convention... encore une émeute, une révolte... Ah! quand donc tout cela finira-t-il ?

BONAPARTE.

Pauvre France !

BRUNE, après avoir lu.

Général, sur la proposition de Barras, la Convention vient de vous nommer commandant-adjoint de l'armée de l'intérieur.

BONAPARTE.

Moi?

BRUNE.

Écoutez !... (Bruit au dehors.) L'émeute gronde et menace... la générale appelle aux armes tous les bons citoyens... pouvez-vous hésiter?...

BONAPARTE.

J'ai refusé tout commandement à l'intérieur... j'ai horreur de la guerre civile.

BRUNE.

Mais ce mouvement est soudoyé par l'étranger... c'est la Convention que les rebelles veulent attaquer cette fois ou plutôt c'est la révolution elle-même.

BONAPARTE.

Le renversement de la Convention, c'est l'anéantissement des grands principes de 89, c'est la perte de ces précieuses conquêtes payées au prix de tant de sang! Pour sauver tout un pays, il ne faut parfois qu'un moment et qu'un homme... Je ne sais pas si je serai cet homme, mais je suis un enfant de la révolution, et le premier devoir d'un fils est de défendre sa mère... J'accepte!

MURAT.

A la bonne heure!

BONAPARTE.

Commandant Murat, vous serez mon aide-de-camp.

MURAT.

Bravo... A cheval, alors!...

BONAPARTE.

Venez donc et que Dieu protége la France. (Il sort suivi de Murat, Brune rentre au comité.

Acte quatrième. — Deuxième tableau.

LES GORGES DE MILLÉSIMO.

Campagne d'Italie en 1796.

—

SCÈNE PREMIÈRE.

(Au lever du rideau, un petit poste avancé, commandé par Boniface, est campé au premier plan à gauche. Deux factionnaires sont placés en vedette.)

BONIFACE, LANNES, SOLDATS.

UN SOLDAT, bas, à Boniface qui est étendu à terre.

Sergent Boniface !

BONIFACE, se soulevant vivement.

Hein!... présent!...

LE SOLDAT.

Je crois que nous dormons.

BONIFACE.

Ma foi... ce serait permis, après le métier que notre nouveau général en chef nous fait faire. On disait que ce petit Bonaparte ne serait qu'un général de parade!... merci!... c'est le mouvement perpétuel, et il nous faudra des jambes de cerf pour le suivre. Le 26 mars il arrive au quartier-général, et tout de suite il nous fait une proclamation qui nous met le feu dans le cœur et sous la plante des pieds. Le 11 avril, nous avions renoué connaissance avec les coalisés; le 12, nous les battions à Montenotte; le 13, nous pénétrions dans les gorges de Millésimo, ici présentes.

LANNES, en volontaire.

Sergent, ne faites-vous donc pas relever les factionnaires?

BONIFACE.

C'est juste... voyons, à qui le tour?

LANNES.

Ce doit être le mien.

BONIFACE.

Le vôtre, mon commandant?

LANNES.

Mon brave garçon, tu oublies toujours que je ne suis plus qu'un soldat, qu'un volontaire, comme en 92.

BONIFACE.

Je sais bien... vous m'avez raconté la chose... mais je ne puis pas m'habituer à être le supérieur de celui qui était mon chef, et qui avait si bien gagné ses grades. Au feu vous n'êtes pas un homme, vous êtes un lion... on aurait dû vous faire général en chef.

LANNES.

C'est possible; mais je ne suis que soldat, fais-moi donc mettre en faction.

BONIFACE.

Allons, si je vous commande, ce n'est que pour vous obéir. (Il le place en faction.)

SCÈNE II.

Les mêmes, BONAPARTE, puis BESSIÈRES, MURAT, DUROC, JUNOT.

LE SOLDAT, bas.

Voilà le général en chef; il paraît qu'il ne dort pas plus que nous.

BONAPARTE, arrivant de la gauche, à Berthier.

Je vous l'ai dit, Berthier, nous n'avons rien fait si nous ne séparons pas les Autrichiens des Piémontais; il faut que, toujours placés au centre, nous puissions les attaquer et les battre les uns après les autres. (A Bessière, arrivant de la vallée à droite.) Quelles nouvelles m'apportez-vous, Bessières? avez-vous vu Masséna?

BESSIÈRES.

Oui, général.

BONAPARTE.

Il tient toujours Beaulieu en échec?

BESSIÈRES.

Les Autrichiens, fortement retranchés à Dego, et de beaucoup supérieurs en nombre à la division Laharpe, s'apprêtent à
prendre l'offensive. Le général Masséna demande du renfort.

BONAPARTE.

Des hommes commandés par lui ne doivent pas compter leurs
ennemis; d'ailleurs, dans cette campagne, nous devrons presque
toujours combattre dans la proportion de deux contre cinq; mais
un soldat vainqueur vaut quatre soldats vaincus, et nous avons
été vainqueurs à Montenotte... (A Duroc qui arrive de la gauche.)
Qu'arrive-t-il, Duroc?

DUROC.

Général, la division détachée de l'armée des Pyrénées-Orientales, et que devait vous amener le général Victor, vient de
rejoindre.

BONAPARTE.

Une division sous les ordres de Victor vaut une armée...

MURAT, arrivant de la droite.

Le général Colli, avec des forces considérables, cherche à pé-
nétrer dans les gorges pour en déloger le général Augereau, et
venir au secours de Provera.

BONAPARTE.

Berthier, faites prendre les armes à la division Joubert... nous
attaquerons avant le jour... (Berthier sort à gauche.) Murat, vous
allez conduire au général Augereau une batterie d'artillerie...
dites bien au général qu'il faut à tout prix qu'il batte Colli, tandis que Masséna battra Beaulieu... Qu'il ne s'occupe plus de
Provera... je me charge de celui-là... avant deux heures, il
aura mis bas les armes.

MURAT.

Je connais Augereau, Colli ne passera pas. (Il sort par la gauche.)

BONAPARTE.

Duroc, dirigez-vous sur Dégo... j'amènerai moi-même à Masséna la division Victor. (Duroc sort par la gauche.) Junot, allez voir si
Joubert est en état de commander sa brigade. (Junot sort par la
gauche.) Bessières, que vos guides montent à cheval... la journée
sera rude pour tout le monde, car il faut qu'elle soit décisive...
(Bessières sort par la gauche.)

SCÈNE III.

BONAPARTE, BONIFACE, LANNES, soldats.

BONAPARTE.

Ah! j'oubliais... Voyons... un homme sachant écrire...

BONIFACE.

Ah! ce ne sera pas facile à trouver dans ma compagnie...

Si... au fait... j'ai là mon commandant qui est en faction et qui doit être ferré sur la bâtarde.

BONAPARTE.

Un commandant en faction ?

BONIFACE.

Un ex-commandant...

BONAPARTE.

Fais-le relever et amène-le moi... (Pendant qu'on relève le factionnaire.) Les coalisés nous croient épuisés par deux journées de combat... mais je leur prouverai qu'après Turenne, Condé et le grand Frédéric, on peut encore innover dans l'art de la guerre.

BONIFACE.

Voilà, général...

BONAPARTE, se retournant et regardant Lannes.

Vous étiez à Montenotte?

LANNES.

Oui, général.

BONAPARTE.

Au premier rang de la compagnie d'élite de la cent cinquième demi-brigade?

LANNES, surpris.

Oui, général.

BONIFACE.

Il l'a vu... Il voit tout, ce diable d'homme.

BONAPARTE.

Vous êtes un brave... Comment vous appelez-vous ?

LANNES.

Lannes.

BONAPARTE.

Vos états de service ?

LANNES.

Parti sous-lieutenant du deuxième bataillon de volontaires du Gers en 92, j'ai été fait lieutenant, puis capitaine, puis chef de la cent cinquième demi-brigade en 94, enfin destitué par le citoyen Aubry en 95.

BONAPARTE.

Ah ! destitué...

LANNES.

Comme aristocrate, moi, fils de laboureur, moi, sorti d'un atelier pour courir à la frontière... Un moment découragé, j'ai voulu renoncer à la carrière des armes... mais cela ne m'était plus possible... Je ne pouvais plus vivre de la vie calme de nos campagnes, il me fallait le bruit et le fracas de la guerre... on avait brisé mon épée, j'ai repris mon fusil. Je suis venu le sac sur le dos me ranger sous le drapeau de cette héroïque demi-brigade qui se souvenait encore de moi... Sur mon honneur, je ne regrette rien du passé; quand on a vingt-sept ans, l'avenir est tout, et l'avenir est à moi. Je recommence ma vie de soldat, et je date à présent de Montenotte ; ne pensez donc plus à ce que j'ai fait, Dieu veuille seulement, général, que vous voyiez ce que je ferai. (Roulement de tambours.)

UNE VOIX.

Soldats ! à vos rangs.

BERTHIER.

Général, vos ordres s'exécutent... La division Victor est en marche pour Dégo.

BESSIÈRES.

La division Joubert est sous les armes.

BONAPARTE.

Faites-la mettre en ligne.
(La division Joubert, venant de la gauche, tambours et musique en tête, occupe la gauche. Bonaparte et ses officiers sont à droite.)

BONAPARTE.

Soldats de la cent cinquième demi-brigade... je vous ai vus à Montenotte et j'ai été content de vous... Votre chef de bataillon Bernard est mort héroïquement en vous conduisant au feu. C'est dans vos rangs que je veux prendre votre nouveau commandant... Voyons, désignez-moi le plus brave, le plus digne de vous tous...

TOUS.

Lannes ! Lannes !

BONAPARTE.

Chef de bataillon Lannes, reprenez votre commandement.

TOUS.

Vive le général Bonaparte !... (Bruit de canon dans la vallée au fond.

BONAPARTE.

L'intrépide Masséna n'a pas attendu la division Victor. (Fusillade dans la gorge à droite.) Augereau attaque les Piémontais de Colli... Commandant Lannes, il faut occuper Provera pour qu'il ne puisse faire une diversion en faveur de Colli et inquiéter Augereau... Voilà la route qu'il faut suivre.. elle semble impraticable, et Provera ne l'aura pas gardée... Prouvez-moi que lorsqu'ils sont bien commandés, les Français passent partout... (Montant à cheval et s'élançant à gauche avec ses officiers.) A Dégo ! Messieurs !... à Dégo !

LANNES.

Cent cinquième demi-brigade, en avant !
(Les Français sont accueillis par une fusillade qui les refoule. Les Piémontais paraissent. Les Français, mis en désordre, sont ralliés par Lannes qui, saisissant le drapeau, s'écrie : A la baïonnette ! Les Français attaquent les Piémontais. Enfin, après un engagement très-vif, les Piémontais sont pris dans les gorges, entre la brigade Lannes et la division d'Augereau. Bonaparte reparaît au moment où ses soldats crient : Victoire !)

BONAPARTE.

Soldats !... Annibal avait franchi les Alpes, nous, nous les avons tournées... A nous l'Italie !...

TOUS.

A nous l'Italie !

Acte quatrième. — Troisième tableau.

L'entrée d'Aix-la-Chapelle. Un arc de triomphe en fleurs et en feuillages.

Aix-la-Chapelle 1804.

—

SCÈNE PREMIÈRE.

BONIFACE, BARNABÉ, PAYSANS ALLEMANDS, SOLDATS FRANÇAIS.

(Au lever du rideau tout est en mouvement. On achève de dresser l'arc de triomphe.)

BONIFACE, à Barbabé.

C'est par ici que l'empereur Napoléon fera son entrée à Aix-la-Chapelle... En voilà une chance; se retrouver en Allemagne en 1804, quand on s'était quitté en Vendée en 1794.

BARNABÉ.

Je suis arrivé hier soir avec le colonel Maurice.

BONIFACE.

Maurice, le paysan qui ne voulait pas se faire soldat, et qui est aujourd'hui officier d'ordonnance de l'empereur; il a fait son chemin comme les autres, qui, de simples volontaires, sont à présent maréchaux. Kellermann et Jourdan, en souvenir de Valmy et de Fleurus; Masséna pour Zurich; Augereau pour Castiglione; Brune pour le Helder, Bessières pour Marengo; Soult, Davoust et Bernadotte, pour leurs campagnes au bord du Rhin; Lannes, Murat et Michel Ney pour cent actions d'éclat; sans oublier Victor, l'artilleur de Valmy, qui est en route pour attraper son bâton; nous avons tous marché, moi-même, moi, de tambour, je suis devenu sergent.

BARNABÉ.

Mais qu'attend donc tout ce monde? l'empereur ne doit arriver que ce soir.

BONIFACE.

Oh! il y a double fête dans la bonne ville d'Aix-la-Chapelle; l'arrivée de l'empereur d'abord; puis la fête des vendangeurs... et c'est ici que tous les ans, à pareille époque, on célèbre cette fête-là... Tous ces bons Allemands, si tranquilles et si calmes, vont tout à l'heure tourner comme des tontons... Tenez..(Bruit au dehors.)

SCÈNE II.

BARNABÉ, BONIFACE.

BARNABÉ.

Qu'est-ce que c'est que ça?

BONIFACE.

C'est le cortége des vendangeurs, les voilà, avec leurs chars et leurs bannières...

Cortége des vendangeurs. — Groupe de paysans allemands, portant des ceps de vigne chargés de grappes.

Char de la vendange, traîné par de jeunes garçons.

Groupe de jeunes filles entourant le char et tenant des guirlandes de feuilles de vignes que tiennent de leur côté, sur le char, des petits enfants groupés autour d'une cuve pleine de raisins et toute cerclée de guirlandes de fleurs.

Derrière le char, autre groupe de jeunes filles portant une bannière.

Un groupe de jeunes garçons termine le cortége.

BALLET.

A la suite du ballet, un grand mouvement du côté de la ville ; on entend le canon. — Mouvement.

BONIFACE.

Le canon !

TOUS.

L'empereur ! l'empereur !

BONIFACE.

Eh ! oui, ma foi... c'est lui qui arrive plutôt qu'on ne l'attendait... J'aperçois là-bas les dragons de l'avant-garde...

Roulement de tambours. — Un détachement de troupes françaises, infanterie de ligne, forme la haie d'un côté, tandis que de l'autre côté se pressent les députations de paysans avec leurs bannières. Les jeunes filles avec leurs corbeilles ou guirlandes de fleurs. Enfin, à droite de l'arc de triomphe, viennent se placer les notables de la ville, apportant sur un plat d'argent les clés de la cité.

Lorsque cette double haie est régulièrement formée, on voit paraître successivement :

Les dragons d'avant-garde.

Un peloton de ligne en éclaireurs,

Les sapeurs,
Tambours,   } de la garde impériale,
Musique

Deux pelotons de voltigeurs,

Deux pelotons de chasseurs,

Deux pelotons de grenadiers,

La musique des guides,

Un escadron de guides,

L'empereur,

Les douze maréchaux,

Un escadron de mamelouks.

L'empereur s'arrête un moment, entouré de ses maréchaux. On lui présente les clés de la ville. Le canon tonne, les cloches tintent. Acclamations générales.

Acte cinquième. — Premier tableau.

LA TENTE IMPÉRIALE.

La tente de Napoléon séparée en deux compartiments : dans l'un on aperçoit le petit lit de campagne, dans l'autre plus grand, des cartes déroulées. — Des bougies éclairent ces deux parties de la tente.

SCÈNE PREMIÈRE.

NAPOLÉON, BERTHIER, MAURICE, AIDES-DE-CAMP.

(Napoléon, assis près de la table, couverte de plans et de portefeuilles, écoute un récit que semble achever Maurice, en tenue de campagne, pâle et défait.)

MAURICE.

Ainsi donc au maréchal Murat à Shleitz, au maréchal Lannes à Saalfeld, était réservé l'honneur de porter les premiers coups à l'armée prussienne. Le corps détruit par le maréchal Lannes était commandé par le prince royal Louis de Prusse, qui est mort en combattant bravement.

NAPOLÉON.

J'ai toujours voulu la paix et on m'a toujours forcé de vaincre... A la coalition de 1805, j'ai répondu par Austerlitz; à la Prusse, aujourd'hui, nous répondrons par Iéna... car c'est ici ici que demain je livrerai bataille... (A Maurice.) Allez prendre du repos, colonel, vous aurez besoin de toutes vos forces demain. La journée du 14 octobre 1806 sera une de nos grandes journées. (Maurice s'incline et sort ainsi que les aides-de-camp.)

SCÈNE II.

NAPOLÉON, BERTHIER.

NAPOLÉON.

Berthier... tous vos ordres sont expédiés?

BERTHIER.

Oui, sire... le maréchal Davoust gardera le pont de Naumbourg, le maréchal Bernadotte appuyera le mouvement du maréchal Davoust.

NAPOLÉON.

Vous avez pressé Murat de revenir et d'amener ici toute sa division de cavalerie?

BERTHIER.

Oui, sire.... les maréchaux Soult, Ney et Augereau, se mettront en marche et attaqueront à l'heure indiquée par Votre Majesté. Quant au maréchal Lannes, qui doit avec Bessières commander la division de réserve, c'est à dire la garde impériale, vous savez qu'il sera prêt à entrer en ligne.

NAPOLÉON.

Tout va bien... Ouvrez le portefeuille, cherchez-y un projet de décret soumis au conseil d'Etat... et qui a dû m'être renvoyé.

BERTHIER.

Décret par lequel Votre Majesté décide que les emplois vacants dans la division des douanes et des droits réunis seront donnés de préférence aux pauvres soldats blessés... Le voici, il y a une note en marge : le conseil d'Etat craint que les citoyens ne soient heurtés de se voir préférer des militaires.

NAPOLÉON.

On sépare là ce qui ne peut plus être séparé... les citoyens et les soldats ne sont qu'un aujourd'hui... Le soldat n'a-t-il pas toujours commencé par être citoyen?.. ne sortons nous pas tous du peuple ? La guerre n'est pas un métier de roses. Nos législateurs ne connaissent pas assez nos bivouacs, nos marches forcées, nos privations de tous genres, nos souffrances de toute espèce. Je les connais, moi, parce que je les vois, parce que souvent je les partage. A ceux qui ont donné à la patrie le plus pur de leur sang, la patrie doit au moins du travail et du pain. Passons... Qu'est-ce cela ?

BERTHIER.

Sire... c'est la nomination de M. de la Rozerie au grade de capitaine d'état-major.

NAPOLÉON.

Ah! ah!... M. de la Rozerie est votre protégé, monsieur le maréchal.

BERTHIER.

Nous avons combattu ensemble pour l'indépendance de l'Amérique; nous avons combattu l'un contre l'autre dans la Vendée, et M. de la Rozerie a été pour moi aussi fidèle compagnon que loyal adversaire.

NAPOLÉON.

M. de la Rozerie avait été arrêté, je crois, comme complice de Georges Cadoudal.

BERTHIER.

Les juges de M. de la Rozerie ont, à l'unanimité, reconnu son innocence... à ma sollicitation son nom a été rayé de la liste des émigrés. M. de la Rozerie qui venait de retrouver miraculeusement son fils, élevé par les soins de Maurice et de sa femme, M. de la Rozerie a pu rester en France. Votre Majesté a daigné lui faire rendre ses biens qui avaient été confisqués... Redevenu citoyen français, M. de la Rozerie a demandé à Votre Majesté la permission de servir son pays.

NAPOLÉON.

Et je vous ai autorisé à admettre, M. de la Rozerie parmi mes officiers d'état-major... Est-il instruit de cette décision?

BERTHIER.

Oui, sire.

NAPOLÉON.

Se dispose-t-il a rejoindre?

BERTHIER.

Il a rejoint, sire.

NAPOLÉON.

Ah!... Où est-il?

BERTHIER.

Ici... attendant les ordres de Votre Majesté.

NAPOLÉON.

Faites-le entrer.

SCÈNE III.

LES MÊMES, GASTON, en officier d'état-major.

NAPOLÉON.

Approchez, Monsieur; je ne vous demande pas ce que vous avez été, je veux savoir seulement ce que vous êtes aujourd'hui, portant l'épée que je vous ai rendue, portant surtout nos couleurs nationales. Soyez bon Français avec moi, suivez ma route franchement, loyalement, sans regarder ni à droite ni à gauche. Ne voyez que le but que je vous montre, l'honneur, la gloire, la splendeur de la patrie.... Croyez bien que le retour au passé est impossible... un fleuve ne remonte pas à sa source... rien ne saurait désormais détruire ou effacer les grands principes de notre révolution. Aujourd'hui ces principes sont immortels.

GASTON.

Sire.... j'ai combattu cette révolution parce qu'elle voulait renverser un trône que moi, gentilhomme, je devais soutenir et défendre; mais quand la guerre de la Vendée s'est transformée, quand la chouannerie est venu lui succéder, alors j'ai brisé mon épée: alors j'ai désespéré de l'avenir, j'ai désespéré de mon pays... de mon pays que vous avez sauvé, sire... Vous avez refait la France plus puissante et plus forte que la France de Louis XIV... vous avez fait de ma nation la première nation du monde... alors, moi Français, j'ai admiré, j'ai reconnu, j'ai aimé l'Empereur, et je suis venu demander à Votre Majesté, non pas une place inutile à sa cour, mais une place sur un de ses champs de bataille.

NAPOLÉON, signant.

Monsieur de la Rozerie... vous êtes capitaine d'état-major.

UN AIDE-DE-CAMP.

Sire... le maréchal Bessières.

NAPOLÉON.

Qu'il entre.

SCÈNE VI.

LES MÊMES, BESSIÈRES.

BESSIÈRES.

Sire... le maréchal Murat, entraîné à la poursuite des Prussiens sur la route de Leipsick, ne pourra réunir sa division et occuper demain la position qui lui a été indiquée qu'à six heures du matin.

NAPOLÉON.

Il faut en toute hâte prévenir les maréchaux Ney, Soult et Augereau... ils n'attaqueront qu'à six heures .. Bessières, allez vous-même prévenir le maréchal Lannes de ce contre-ordre.

BERTHIER, qui s'est mis à écrire.

Monsieur de la Rozerie, appelez, je vous prie, les aides-de-camp de service.

NAPOLÉON.

A demain, Messieurs... à demain...

(Il entre dans la seconde partie de la tente dont les rideaux se referment. Pendant ce temps, les aides-de-camp appelés par Gaston, parmi lesquels se trouve Maurice, sont entrés.)

SCÈNE V.

LES MÊMES, moins NAPOLÉON et BESSIÈRES, puis MAURICE.

BERTHIER, à un aide-de-camp.

Pour le maréchal Augereau. (A un autre.) Pour le maréchal Soult. (A Maurice.) Vous, Maurice, pour le maréchal Ney. Votre cheval est tout sellé ?

MAURICE.

Oui, maréchal... je pars... (Il chancelle.)

GASTON et BERTHIER.

Qu'avez-vous donc ?

MAURICE.

Une blessure reçue à Saalfeld et que je croyais fermée.

BERTHIER.

Votre sang coule !

GASTON.

Il est impossible que, dans cet état, vous montiez à cheval.

MAURICE.

Oh! je dompterai la douleur. (Il retombe.)

GASTON.

Non... vos forces vous trahissent... et il faut que cet ordre arrive promptement au maréchal Ney... il le faut... confiez-le moi, maréchal; laissez-moi risquer ma vie pour l'Empereur, qui m'a rendu mon épée, pour Maurice, qui m'a rendu mon enfant.

BERTHIER, lui donnant l'ordre.

Partez !

(Gaston monte sur le cheval qu'on avait amené pour Maurice. — On emporte celui-ci évanoui. — Berthier rentre chez l'Empereur.)

Acte cinquième. — Deuxième tableau.

BATAILLE D'YENA.

Le plateau d'Yéna.

—

SCÈNE PREMIÈRE.

(Les tirailleurs prussiens paraissent à gauche, cédant le terrain aux tirailleurs français. Les Prussiens disparaissent à droite, poursuivis par les Français. — La division Ney occupe bientôt la gauche du théâtre.)

SCÈNE II.

NEY, OFFICIERS, SOLDATS, puis MAURICE.

BONIFACE.

A la bonne heure ! ça va tout seul... mais je croyais les Prussiens plus solides que ça.

NEY, à cheval, à un aide-de-camp.

N'avez-vous donc aperçu encore aucun mouvement sur notre droite et sur notre gauche ?

L'AIDE-DE-CAMP.

Non, monsieur le maréchal.

NEY.

Pourtant Augereau devait venir former sur les plateaux la gauche de la division Gazan, et Soult, avec la division Saint-Hilaire, devait s'emparer des positions de Nerkvitz et d'Alten-Göne, tandis qu'avec Lannes et Augereau j'occuperais le centre du champ de bataille.

UN AIDE-DE-CAMP DU MARÉCHAL.

Maréchal, un officier d'ordonnance de l'empereur.

NEY, mettant pied à terre.

Enfin !

SCÈNE III.

LES MÊMES, MAURICE.

MAURICE, arrive à cheval, mais pâle, couvert de poussière, en désordre et comme épuisé par une course à fond de train. A la vue du maréchal il saute à terre.

NEY.

Ah ! c'est vous, Maurice ; vous venez m'expliquer le retard de Soult, de Lannes et d'Augereau.

MAURICE.

Maréchal, je venais au contraire, au nom de l'empereur, vous demander pourquoi vous aviez quitté votre position avant l'heure qui vous avait été indiquée?

NEY.

Je ne vous comprends pas, colonel; cette heure a-t-elle donc été changée?

MAURICE.

Oui, maréchal... un contre-ordre vous avait été expédié comme aux maréchaux Soult et Augereau... ce contre-ordre ne vous est-il donc pas parvenu?

NEY.

Non, Monsieur.

MAURICE.

Oh! ce message devait m'être confié; au moment de monter à cheval, affaibli par une blessure reçue à Saalfeld, j'ai perdu connaissance et un autre a pris ma place.

NEY.

A qui donc avait-on confié votre dépêche?

MAURICE.

A M. le marquis de la Rozerie.

NEY.

A un Vendéen rallié... il nous aura trahis.

MAURICE.

Lui! oh! non, c'est impossible; le maréchal Berthier et moi, nous avons répondu de M. de la Rozerie honneur pour honneur.

UN AIDE-DE-CAMP.

Maréchal, nos tirailleurs ont relevé à quelques pas d'ici, un officier d'ordonnance mortellement blessé. On voulait porter cet officier à l'ambulance, mais il a exigé qu'on l'amenât d'abord devant vous... le voici.

SCÈNE IV.

Les mêmes, GASTON.

(Gaston tout sanglant porté sur des canons de fusil, est amené.)

MAURICE, courant à Gaston mourant.

Gaston! oh! je savais bien qu'il ne pouvait pas trahir.

GASTON.

Maurice, vous n'avez pas douté de moi, merci à Dieu qui n'a pas voulu que je laissasse un nom flétri à mon enfant; il m'a permis de vivre assez pour que je pusse arriver jusqu'à vous, maréchal... L'ordre que je portais et que j'ai vainement défendu m'a été pris... la retraite des Prussiens n'est qu'un piége pour vous attirer dans la plaine et vous envelopper... N'allez pas plus loin, maréchal, ou vous êtes perdu.

NEY.

Monsieur de la Rozerie, je ne désespère jamais ni de moi, ni de ceux que je commande. Dans combien de temps le mouvement général doit-il s'exécuter?

MAURICE.

Dans une heure à peu près.

NEY, montant à cheval.

C'est bien. Camarades... durant une heure il nous faudra soutenir seuls le choc de l'armée prussienne. Ça ne vous effraie pas plus que moi, n'est-ce pas?

BONIFACE.

Ça ne nous effraie pas du tout.

L'AIDE-DE-CAMP.

Nos tirailleurs reviennent, ramenés par la cavalerie prussienne.

NEY.

Faites former les carrés; l'artillerie aux angles... la cavalerie s'abritera derrière ce petit bois et ne donnera que sur mon ordre... Soldats, si nous ne tenons pas une heure, nous ne sommes plus les soldats d'Austerlitz.

TOUS.

Nous tiendrons, maréchal... nous tiendrons.

GASTON.

Et ne pouvoir combattre!

(On emporte Gaston, qu'on place au milieu du carré dans lequel se renferme Michel Ney. — Le carré est formé sur le plateau; à chaque angle du carré on amène une pièce d'artillerie; la cavalerie prussienne charge avec impétuosité; mais ses efforts se brisent contre les baïonnettes françaises. L'artillerie de Ney la met en désordre et la force à tourner bride.)

NEY.

Bien, camarades; la cavalerie prussienne était, disait-on, la meilleure cavalerie du monde, elle n'a pu nous entamer (Bruit de canon à gauche. — Mouvement.)

NEY.

Ah! j'entends le canon de Soult et d'Augereau. (On entend battre la charge à gauche et puis la musique de la garde jouant : *Veillons au salut de l'empire.*) Écoutez, camarades : c'est Lannes et Bessières qui viennent à notre aide avec la garde.

BONIFACE.

Ils nous relèvent de faction, il était temps. (Toute la division de Ney crie : *Vive la garde !* en voyant arriver les bonnets à poils.)

SCÈNE V.

LES MÊMES, LANNES, BESSIÈRES.

LANNES, courant à Ney qui a fait rompre le carré et qui en est sorti.

Maréchal, vous avez encore une fois bien mérité de la France et de l'empereur.

BESSIÈRES.

Tout pouvait être perdu et vous avez tout sauvé.

NEY.

Nous avons eu de la patience, voilà tout... Formez les colonnes d'attaque ; et maintenant à moi la première place au feu... En avant, Lannes... Vive la France !

LANNES.

Vive l'Empereur !

(On bat la charge, et les deux divisions Ney et Lannes marchent sur la droite, au troisième plan, pendant qu'à l'abri de la batterie de Ney, restée sur le plateau, le chirurgien panse Gaston et les autres blessés. — Des hussards prussiens débouchant du deuxième et premier plan, à droite, fondent sur les pièces que défendent les artilleurs et les blessés eux-mêmes.)

SCÈNE VI.

MURAT, ET LES CUIRASSIERS.

MURAT.

A moi les cuirassiers d'Hautpoul !

(Charge de cavalerie. — Les hussards prussiens sont mis en désordre. Bientôt une colonne d'infanterie prussienne bat en retraite et se trouve cernée, à gauche, par la division Augereau ; au fond, par la cavalerie de Murat ; à droite, par les divisions Ney et Lannes. — L'Empereur paraît sur le plateau suivi de Berthier et de Duroc, de Soult et d'Augereau. — Maurice, descendu de cheval, soutient Gaston mourant qui se traîne jusqu'à Napoléon.)

TOUS.

Victoire !

MAURICE.

Vous entendez, Gaston... victoire, nous avons la victoire

GASTON, expirant.

Vive l'Empereur ! (Il tombe dans les bras de Maurice.)

FIN.

AVIS A MM. LES DIRECTEURS DE PROVINCE.

Cette pièce peut être montée partout; les cortéges et les ballets pouvant être supprimés sans porter aucun préjudice à l'action du drame.

La mise en scène complète, rédigée avec le plus grand soin par M. Alexandre May, sous la direction de l'auteur, avec plans de décors, etc., compose la 12e livraison de l'Album Théatral, et est en vente au bureau de *la Presse théâtrale*, rue Richelieu, 27, à Paris.

Cette mise en scène indique également la distribution des rôles; les personnages que les artistes peuvent doubler, et donne les variantes nécessaires en cas de suppression des cortéges et des ballets.

LAGNY. — Imprimerie de Vialat et Cie.